KASSANDRA KLOMBERG

Wer wärst Du denn ohne …
Deine krankhafte Eifersucht?

Ratgeber

Herstellung und Verlag: BoD - Books on Demand
ISBN 978-3-7460-1125-7

To whom it may concern

Cause I'm jealous, jealous again
Thought it time I let you in
Yeah, I'm jealous, jealous again
Got no time, baby

(The Black Crowes)

Warum ich dieses Buch überhaupt geschrieben habe

Ehrlich zugegeben: aus purer Verzweiflung. Wenn ich mich daran zurück erinnere, wie ich mich noch genau vor einem Jahr gefühlt habe (und die Erinnerung daran fällt mir nicht schwer, wenn ich mir die ersten Zeilen meines so Buches durchlese), so blieb mir wohl kaum eine andere Möglichkeit, als meine Erlebnisse mit dem Thema Eifersucht entweder aufzuschreiben oder aber völlig durchzudrehen. "Frauen am Rande des Nervenzusammenbruchs" - ein Buchtitel, der hier wohl auch sehr treffend meine Situation beschrieben hätte. Leider ist der Titel bereits vergriffen. Anfangs wusste ich nicht, welchen Verlauf dieses Buch nehmen würde, nur dass es 108 Seiten haben sollte und ich beabsichtigte, mich nach Vollendung dieser 108 Seiten selbst geheilt zu haben. Und was soll ich sagen, genauso ist es auch gekommen. Kann natürlich Zufall sein, muss es aber nicht. "Das Herz hat 108 Söhne", so sagt man. Vor allem im Hinduismus und Buddhismus gilt die 108 als heilige Zahl. Die im Hinduismus und Buddhismus üblichen Gebetsketten (Mala) haben 108 Perlen. 108 ist eine Harshad-Zahl. Eine Harshad-Zahl ist eine natürliche Zahl, die durch die Quersumme ihrer Ziffern im Dezimalsystem teilbar ist. Harshad ist Sanskrit und bedeutet: "Freuden-bringend". Freude hat das Aufschreiben meiner Erlebnisse mir mit Sicherheit bereitet. Ob das an den 108 Seiten liegt, man weiß es nicht.

Wer nun mit dem Thema Spiritualität so überhaupt gar nichts anzufangen weiß und dies lediglich für "Esoterischen Kappes" hält, wie ich mir sehr oft in meinem direkten Umfeld anhören darf, der legt dieses Buch am besten sofort wieder zur Seite. Noch besser: Er verbrennt es direkt. Dann kann auch garantiert nichts überspringen von dem Inhalt. Aber mal Spaß beiseite: Die Spiritualität spielt in meinem Leben seit ein paar Jahren bereits eine nicht zu unterschätzende Rolle und hat selbstredend auch ihre Spuren in diesem Buch, ich weiß nicht, ob ich es unbedingt Ratgeber nennen sollte, hinterlassen. Wie ich es nenne, ist auch letzten Endes völlig unwichtig. Seinen Sinn und Zweck hat es erfüllt, es hat mir geholfen, meine Eifersucht bzw. meine leidvolle Einstellung zu dieser Erkrankung zu einhundert Prozent zu überwinden und dies innerhalb eines Jahres und auf exakt 108 Seiten. Wenn es der ein oder anderen Frau, denn dafür habe ich es in erster Linie geschrieben, auch in irgendeiner Form helfen oder zumindest Anregungen geben kann, dann würde mich das sehr freuen. Männer dürfen es selbstredend auch gerne lesen (ich kann es ihnen ja auch schlecht verbieten) aber da es komplett aus Sicht einer Frau, die ich ja nun einmal bin, geschrieben ist, weiß ich nicht, inwiefern es für diese interessant wäre. Aber langer Rede kurzer Sinn: Möge dieses Buch dem ein oder anderen Menschen helfen! Oder zumindest erheitern denn Lachen ist manchmal eben die beste Medizin.

Inhaltsverzeichnis

Wer wärst Du … wenn Dein Freund spontan die Beziehung beendet?

Ich gebe zu, ganz so spontan war es nicht. Es war absehbar. Und es ist nicht der erste Mann, der mich verlässt. Verlässt wegen meines kleinen Problems. Was so klein nicht wirklich ist. Ich bin eifersüchtig. Und zwar krankhaft eifersüchtig. Und das nicht erst seit gestern. Sondern schon mein Leben lang. Ich weiß nicht, die wievielte Beziehung das jetzt war, die ich schon deswegen vor die Wand gefahren habe. Aber es waren schon so einige. Und ganz so jung bin ich mit meinen fast vierzig Jahren auch schon nicht mehr. Eigentlich sollte ich aus meinen bisherigen Fehlern, die ich wieder und wieder begehe, inzwischen gelernt haben. Aber ich habe es nicht. Albert Einstein sagte einmal, dass es Wahnsinn sei, ständig das Gleiche zu tun und andere Ergebnisse zu erhoffen. Ein schlauer Mann, dieser Albert Einstein. Was mir nicht wirklich weiterhilft jetzt. Denn ich wurde verlassen. Verlassen, weil ich es nicht unterlassen kann, meinem Freund auf Facebook hinter her zu spionieren und ihm Vorwürfe zu machen wegen jeder kleinen „Gefällt-mir"-Angabe, die er bekommt. Verlassen, weil es mir nicht gelingt, meine eigenen Unsicherheiten und mein mangelndes Selbstwertgefühl in den Griff zu bekommen. Verlassen, weil ich verrückt bin. Krankhaft eifersüchtig nennt man so etwas. Ich suchte die Schuld dafür bei meinen Freunden.

Anstatt bei mir. Schob die Schuld immer dem anderen zu. Sicher, es gibt Männer, die untreu werden. Aber wird krankhafte Eifersucht sie wohl davon abhalten? Ich denke, es wird sie eher erst recht in die Arme einer anderen Frau treiben. Und wen wundert es? Dieses Kontrollverhalten, diese ständigen Vorwürfe, das hält auf Dauer kein Mann aus. Eine sich selbst erfüllende Prophezeiung sozusagen. Wie ich jetzt weitermachen will? Ich weiß es ehrlich gesagt nicht. Noch befinde ich mich in einem absoluten Schockzustand. Zu frisch ist noch die Trennung. Ich kann kaum einen klaren Gedanken fassen. Jedoch eines ist mir heute klar geworden. So kann es nicht weitergehen. Das war die letzte Beziehung, die wegen dieser Sache zu Bruch gegangen ist. Eine gute Freundin hat einmal zu mir gesagt: „Du kannst Deinen Kerlen nicht zuerst den Kopf abhacken und hinterher versuchen, ihn wieder dran zu nähen!" Wie recht sie doch hatte. Genau das habe ich jahrelang versucht. Anstatt endlich einmal bei mir selber anzufangen und mir einzugestehen, dass ich ein Problem habe. Ja, ich habe ein Problem. Und zwar ein schwerwiegendes. Und wenn ich mit achtzig Jahren nicht alt und allein von acht Katzen umgeben in meiner Wohnung vor mich hin vegetieren will, dann sollte ich endlich innehalten und nach einer Lösung suchen. Ich weiß noch nicht, wie ich mir helfen werde. Aber ich weiß, dass ich es wissen werde.

Wer wärst Du ohne … hinter Deinem Freund spionieren zu müssen?

Ich habe ihn heute gelöscht, meinen Ex-Freund. Nicht aus meinem Leben. Ich habe ihn natürlich nicht umgebracht. Aber als Facebook-Freund. Denn sonst wird er mich irgendwann komplett aus seinem Leben löschen. Ich bin so bewandert darin, Leuten hinterher zu spionieren, die Stasi hätte ihre Freude an mir gehabt. Das bezieht sich leider nicht nur auf meinen jeweils aktuellen Freund. Nein, auch meine Ex-Freunde sind diesbezüglich bis dato vor mir nicht sicher gewesen. Als wenn es noch in irgendeiner Form relevant für mich wäre, welche Fotos diese mit „Gefällt-mir" bewerten oder mit welchen Frauen sie sich treffen. Was wollte ich mir damit denn beweisen? Dass ich viel toller bin? Eine Frau, die jeden Schritt ihres aktuellen Mannes im Internet verfolgt und ihm danach peinliche Eifersuchtsszenen macht? Ganz ehrlich: Meine Ex-Freunde können nur froh sein, dass dieser Kelch an ihnen vorüber ging und sie nun hoffentlich mit weniger verrückten Frauen ihr Leben teilen. Meine Worte mögen hart klingen. Dennoch, dieses leidvolle Verhalten gilt es wohl oder übel abzulegen und zwar komplett. Meine aktuelle Beziehung habe ich nun auch schon wieder wegen selbiger Problematik vor die Wand gefahren. Und dabei hatte ich zuletzt einen wirklich geduldigen Menschen an meiner Seite. Bis er einfach nicht mehr konnte.

Und seien wir doch mal ehrlich: Um meinen Ex-Freund geht es hier auch gar nicht. Es geht hier um mich. Will ich so weiterleben? Ich gebe es zu, es erfordert einen enormen Kraftakt von mir, sein Facebook-Profil nun überhaupt nicht mehr aufzurufen. Aber es ist ein notwendiger erster Schritt, wenn ich von dieser krankhaften Eifersucht tatsächlich ernsthaft loskommen will. Keine halben Sachen mehr. Was meine Beziehungen zu Männern betrifft, da bin ich ganz klar wahnsinnig. Ich will so nicht mehr weiterleben. Zugegeben, ich weiß noch nicht genau wie, nur dass ich so nicht mehr will. Aber Frodo kannte auch nicht den Weg nach Mordor und hat sich dennoch auf diesen gemacht. Neben meiner Bedürftigkeit Männern gegenüber, die mit echter Liebe nichts zu tun hat, liebe ich meinen Ex-Freund tatsächlich noch. Deswegen hat mich das erneute von einem Mann verlassen zu werden im Gegensatz zu früher, nun tatsächlich wachgerüttelt. So etwas möchte ich keinem Menschen mehr antun. Weder ihm noch anderen. Das hat keiner verdient. In erster Linie will ich es aber für MICH nicht mehr. Ich will nicht länger damit weitermachen, meinen Männern hinterher zu spionieren, ganz so als wären sie mein Besitz, denn das sind sie nicht. Und das hat auch nichts mit Liebe zu tun, wie ich weiter oben schon erwähnte. ICH muss für MICH damit aufhören, denn es macht mich und die Menschen an meiner Seite kaputt.

Wer wärst Du ohne … Deinen Freund weiter bedrängen zu müssen?

Ich nenne ihn immer noch meinen Freund. Dabei ist er ja jetzt mein Ex-Freund. Man hört es schon heraus. Ich habe enorme Schwierigkeiten damit, ihn wirklich los zu lassen. Zumal wir inzwischen wieder lockeren Kontakt haben per Facebook-Chat. Jedoch ganz so locker ist er zumindest von meiner Seite aus nicht, denn ich versuche immer noch, ihn zu Treffen zu bewegen. Er geht geschickt über diese erneuten Annäherungsversuche meinerseits hinweg und geht gekonnt zu Smalltalk über. Ich weiß nicht, ob ich über die Tatsache, dass er überhaupt noch mit mir schreibt, froh sein sollte oder nicht. Es verzögert natürlich den Trennungsprozess, da immer noch ein Fünkchen Hoffnung in mir keimt, ihn zurückgewinnen zu können. Unabhängig davon weiß ich aber, dass damit mein Problem nicht gelöst wäre. Zurzeit schaffe ich es tatsächlich, konsequent sein Profil und seine Internetaktivitäten überhaupt zu meiden. Ich bin relativ stabil. Aber ich weiß aus der Vergangenheit, wie schnell das bei mir kippen kann. Und das darf es nicht. Ich bin bereit, alles dafür zu tun, damit es niemals wieder dazu kommt. Und parallel dazu möchte ich auch aufhören damit, meinen Ex-Freund weiter zu bedrängen oder nach Treffen zu fragen, die er während unserer Beziehung zum Schluss schon nicht mehr wollte. Irgendwann, da muss man einfach loslassen.

Ich schrieb ihm heute, dass er sich einfach von sich aus wieder melden solle, wenn er sich treffen wolle und innerlich wieder bereit dazu wäre. Vielleicht ein Risiko. Vielleicht werde ich jetzt niemals wieder etwas von ihm hören. Aber dieses Risiko gehe ich ein. Ich verliere ihn lieber völlig als noch einen einzigen Tag länger so weiterzumachen wie bisher. Das Fernbleiben von seinem Facebook-Profil war schon einmal ein erster Schritt. Obwohl der Drang dazu zugegebenermaßen groß ist, weiß ich, was es bedeutet, wenn ich einen Rückfall erleide. Meinen Tod. Nicht im physischen Sinne natürlich. Aber den Tod meiner inneren Stabilität, die ich mir gerade mühsam zurück erkämpfe. Das Ganze kann nur gelingen, wenn ich konsequent am Ball bleibe. Und zwar auf allen Ebenen. Der Wille, von dieser krankhaften Eifersucht komplett los zu kommen, muss stärker sein als alles andere. Und wichtiger als die Beziehung zu meinem Ex-Freund, den ich selbstredend immer noch zurück haben will. Auch wichtiger als jede ggf. kommende Beziehung. Wenn es mir nicht gelingt, das komplett zu überwinden, dann bleibe ich lieber für den Rest meines Lebens allein. Niemals wieder will ich mich so fühlen wie zum Schluss in meiner letzten Beziehung. Wie eine wahnsinnige Frau, die unablässig ihrem Freund hinterher spioniert und diesen bedrängt. Er kommt entweder freiwillig zurück oder nicht. Es gibt keine erzwungene Liebe.

Wer wärst Du ohne … um die Liebe eines andren betteln zu müssen?

Ich bin merklich zur Ruhe gekommen in den letzten Tagen. Merkwürdigerweise seit das Verheerendste, was ich mir hätte vorstellen können, tatsächlich eingetroffen ist. Mein Freund hat mich verlassen. Ungefähr zum gleichen Zeitpunkt hat sich auch meine Verlustangst verflüchtigt. Etwas was man bereits verloren hat, kann man schließlich nicht mehr verlieren. Der Druck ist raus. Auch der Drang, auf sein Facebook-Profil zu schauen bzw. überhaupt erst auf den Gedanken zu kommen, ist spürbar zurückgegangen. Ebenso der Zwang, ihn nach Treffen zu fragen. Seitdem ich diese Verantwortung vollkommen auf ihn übertragen habe, bin ich praktisch aus dem Schneider. Anstatt weiter vergeblich auf seine Antworten zu hoffen, die vereinzelt über den lieben langen Tag hinweg sporadisch einmal bei mir eintreffen, habe ich begonnen, mich MIR zuzuwenden. Den Fokus von IHM zu nehmen und nach innen zu richten. Das ist nicht einmal so einfach, wie es sich anhört für jemanden, der Zeit seines Lebens damit beschäftigt war, verzweifelt im außen nach jemandem zu suchen, der einem die innere Leere stopft. Doch diese innere Leere ist in meinem Falle leider ein Fass ohne Boden. Jedoch sind Situationen, die einem den Boden unter den Füßen wegziehen immer für eines gut, sie werfen einen auf einen selber zurück.

Wenn niemand mehr da ist, der einem noch Halt geben könnte, wer bleibt dann noch übrig außer einem selbst? Eine erschreckende und zugleich doch tröstliche Feststellung. Ich will nicht länger um den heißen Brei herum reden. Ich habe angefangen, mit mir selber in den inneren Dialog zu gehen. Selbstgespräche mit mir selber zu führen oder auch, wie es in der Psychologie genannt wird, Gespräche mit dem „inneren Kind" zu führen. Anstatt mir wie üblich morgens auf dem Weg zur Arbeit im Auto weiterhin in einer Endlosschleife meine Selbsthilfehörbücher anzuhören, nutze ich diese Zeit nun, um mich mir selber zu widmen. Die Selbsthilfebücher waren für eines gut. Sie haben mir den Weg nach innen gezeigt. „Aber der Finger, der auf den Mond zeigt ist nicht der Mond" (Zen-Spruch). Doch irgendwann einmal muss dann der Absprung geschafft werden und der Weg nach innen tatsächlich auch gegangen werden. Was nützen mir alle Weisheiten der Welt ohne auch nur eine einzige davon tatsächlich zu verinnerlichen? Ich habe mich auf den Weg gemacht. Ich bin dabei, diesen steinigen Weg nach innen zu gehen und bereit für die Dinge, die ich dabei entdecken werde. Ich bin bereit, mir endlich einmal selber zuzuhören und mich mir zuzuwenden und damit aufzuhören, anderen Menschen diese nicht tragbare Last weiterhin aufzubürden. Mal hören, was es zu erzählen hat, mein „inneres Kind".

Wer wärst Du ohne … von anderen verstanden werden zu wollen?

Ich gebe es zu, ich hätte mir heute ein wenig Verständnis erhofft. Verständnis von meiner kleinen Schwester. Die mit ihren fast fünfunddreißig Jahren so klein auch schon nicht mehr ist. Voller Stolz erzählte ich ihr, wie ich nun mühsam dabei sei, mir meinen Weg in die Selbstachtung zurück zu erkämpfen. Dass ich seit Tagen weder das Profil meines Ex-Freundes auf Facebook aufgerufen, noch ihn weiterhin von mir aus kontaktiert hätte und ihn auch inzwischen nicht mehr nach Treffen fragen würde. Ich erzählte ihr stattdessen von diesem Buch hier, das ich nun angefangen hätte zu schreiben, in der Hoffnung, dass es zuerst mir selbst und wer weiß, irgendwann dann vielleicht auch der ein oder anderen Frau helfen könnte. Mit einem Achselzucken fragte sie mich, ob man dafür seine krankhafte Eifersucht denn nicht bereits überwunden haben müsse. Und ob ich denn wirklich gedacht hätte, dass mein Freund für immer bei mir geblieben wäre? Ich gebe zu, diese brüske Abfuhr meiner Schwester hat ziemlich gesessen heute. Offensichtlich habe ich es nicht gedacht, denn sonst wäre ich ja nicht derart eifersüchtig gewesen. In den letzten Tagen habe ich ziemlich viel mit meinem „inneren Kind" gesprochen. Versucht, es davon zu überzeugen, dass es so wie es ist, liebenswert sei. Versucht, zu verstehen.

Wir sind uns näher gekommen. Es hat mir seine Verlustängste mitgeteilt und ich habe ihm versprochen, dass ich es niemals verlassen werde. Und es hat sich tatsächlich beruhigt. ICH habe mich beruhigt. Umso verblüffter fasste ich heute die, ja man muss schon sagen, wohl unbewusst ablaufenden Angriffe meiner Schwester auf. Sie standen ziemlich im Kontrast zu den Selbstgesprächen, die ich seit ein paar Tagen nun mit mir führe. Und dann dämmerte es mir. Diese innere Unsicherheit, dieses tief sitzende Gefühl, von mir aus nicht liebenswert genug zu sein. Irgendwo her muss das ja auch kommen. Dass solche Glaubenssätze irgendwann einmal in der Kindheit gelernt und dann verinnerlicht werden, das ist mir schon sehr lange klar. Dennoch wurde mir heute bewusst: Will ich mir wirklich selber helfen, will ich wirklich innerlich heil werden auf einer ganz tiefen Ebene, dann benötige ich dazu jegliche Unterstützung, die ich nur bekommen kann. In erster Linie meine eigene. Und dazu gehört auch, dass ich selber hellhörig und feinfühlig werde für die Stimmen, die mir diese falschen Glaubenssätze einst zuflüsterten. Und damit wir uns hier nicht falsch verstehen, dies ist keine Schuldzuweisung an meine Schwester. Sie ist sich selber all dieser Sachen unbewusst, wie ich es mir auch den größten Teil meines Lebens über war. Aber auch vor unbewussten Angriffen muss ich mich schützen.

Wer wärst Du ohne … Deinem Freund weiter hinterher zu laufen?

Freund oder Ex-Freund. Ganz geklärt ist die Geschichte zwischen uns immer noch nicht. Wir haben lockeren Facebook-Kontakt. Schreiben uns wieder täglich. Fast wie vorher. Aber eben nur fast. Seine kleine Frau mit Augen, so hat er mich oft genannt. Jetzt nennt er mich nicht mehr so. Unsere Verabschiedungen über den Chat-Raum sind unverbindlich. Nichts lässt darauf schließen, dass zwischen uns einmal mehr war, ist oder wieder werden wird. Ich hänge völlig in der Luft. Ein Zustand, der mir nicht gut tut. Ich habe mir heute ein Herz gefasst. Habe ihn ein allerletztes Mal nach einem Treffen gefragt. Nicht, weil ich ihn unbedingt jetzt schon wieder sehen muss. Aber weil ich merke, dass unser anhaltender Kontakt, der sich zwar glücklicherweise wieder auf einen freundlichen und warmherzigen Tonfall eingependelt hat, im Endeffekt doch zu nichts führt. Im Gegenteil, ich habe das Gefühl, er verstärkt sogar mein Leiden. Führt er mir doch vor Augen, wie sehr ich diese Geschichte vergeigt habe. Hätte ich doch nur nicht … wäre ich doch nur nicht … wenn ich doch bloß nicht … aber ich habe, ich bin und ich tat es. Dinge, die nicht rückgängig zu machen sind. Neben meiner konstanten krankhaften Eifersucht, boykottierte und sabotierte ich unsere Beziehung praktisch unablässig. Drohte permanent damit, die selbige zu beenden.

Ein Paradoxon. Aber das Vertrauen meines Ex-Freundes ist weg. Ich weiß nicht, ob diese Beziehung noch zu kitten ist. Aber dass ich mein Leiden bloß unnötig verlängere, wenn ich weiterhin mit ihm zwar freundliche, jedoch oberflächliche Worte austausche, das weiß ich. Denn es macht mir jeden Tag aufs Neue schmerzlich bewusst, dass wir nicht mehr zusammen sind. Ich hatte eigentlich niemals Schwierigkeiten, einen Partner zu finden. Ich war nie lange allein. Bloß das Halten, das ist mein Problem. Die Männer haben immer schnell gemerkt, welch kleines Klammeräffchen sie sich da an Land gezogen hatten und früher oder später immer das Weite gesucht. Eine Erklärung dafür, dass sich meine Verlustängste mit den Jahren noch verstärkten und von Beziehung zu Beziehung stärker ausgeprägt auftraten. Es ist an der Zeit, dieses Problem an der Wurzel anzupacken. Durch die Gespräche mit meinem „inneren Kind" ist mir bereits klar geworden, dass es seine größte Angst ist, verlassen zu werden. Ich werde ihm noch oft versichern müssen, dass ich das niemals tun werde. Und dass ich es liebe, obwohl es bislang noch jeden meiner Freunde in die Flucht geschlagen hat. Es ist nicht seine Schuld. Es konnte nichts dafür, zu tief seine Wunden. Anstatt also meinen Ex weiterhin zu verfolgen, werden wir nun einfach stehen bleiben und uns gegenseitig an die Hand nehmen, mein „inneres Kind" und ich.

Wer wärst Du ohne … das Gefühl von jemand gebraucht zu werden?

Nachdem mein letztmaliger Versuch, nach einem Treffen mit meinem Ex-Freund zu fragen, seinerseits unbeantwortet blieb, habe ich mich nun schweren Herzens dazu entschlossen, ihn nun konsequent überhaupt nicht mehr zu kontaktieren. Anstelle einer klaren Verneinung kamen und kommen nämlich von seiner Seite aus bloß ausweichende Antworten bzw. es wird auf ein anderes Thema gelenkt. Häufig soll ich Hilfestellung zu Alltagsproblemen leisten oder werde anderweitig in irgendeiner Form um Rat gefragt. Auf meine Frage, ob wir uns denn nun noch ein weiteres Mal sehen werden, stellte mir mein Ex-Freund eine Gegenfrage. Er wollte wissen, ob er es wohl schon wagen könne, in seiner Firma, in der er seit ca. einem halben Jahr beschäftigt sei, nach Urlaub zu fragen. Solche Ausweichmanöver bin ich von ihm gewohnt. Nun muss man dazu sagen, dass mein Ex-Freund eine ganze Ecke jünger ist als ich es bin und wohl in irgendeiner Form auch versucht hat, mich in eine Art Mutterrolle zu drängen. Ich muss sagen, dass ihm das auch lange Zeit gut gelungen ist. Ich habe es sehr genossen, täglich um Rat gefragt und in der Form in sein Leben mit einbezogen zu werden. Als am gestrigen Abend jedoch erneut diese ausweichende Antwort seinerseits kam, wurde mir schlagartig bewusst, dass ich aus der Mutterrolle schleunigst raus muss.

Die Beziehung ist beendet und die Fürsorge, die ich ihm die ganze Zeit über habe zukommen lassen, benötige ich jetzt für mich selber. Viel zu lange bin ich bei dem verzweifelten Versuch, diesen Menschen an mich zu binden, indem ich mich für ihn emotional aufgeopfert, mich und meine eigenen Bedürfnisse dabei aber völlig vernachlässigt habe, seelisch zunehmend vor die Hunde gegangen. Ausgebrannt war ich zum Schluss und leer. Erfüllt von dem Gefühl, mich für jemanden absolut aufgegeben zu haben und wieder einmal dem Irrglauben verfallen zu sein, dann würde diese Person mich lieben. Dann müsse diese Person mich doch lieben. Aber Beziehungen sind kein Kuhhandel. Ich lasse ihn also ziehen, meinen Ex-Freund. Er möge wieder seine Flügel ausbreiten und weit in die Freiheit hinaus fliegen. Die Mutter schubst ihr Vögelchen aus dem Nest, denn sie braucht ihre Mutterliebe nun für sich selbst. Ob er sich nun letztendlich getraut hat, nach Urlaub zu fragen? Wir werden es wohl niemals mehr erfahren. Aber ich werde lernen, damit zu leben. Mit der Tatsache, dass mich niemand so sehr braucht wie ich selber. Eine Frau, die ich viel zu lange vernachlässigt habe. Eine Frau, von der ich mich viel zu lange Zeit abwandte, um bei anderen Menschen vergeblich um deren Liebe zu betteln. Eine Frau, der ich nun endlich die Liebe und Achtung und Anerkennung geben werde, die sie sich verdient hat.

Wer wärst Du ohne … zu wissen, ob Du wieder von ihm hören wirst?

Nachdem ich nun also aus der Mutterrolle, in der mein Ex-Freund mich wohl gerne noch eine Weile weiter gehabt hätte, bewusst hinaus getreten und auf seine zahlreichen Fragen zu Alltagsproblemen nicht mehr eingegangen bin, kam wie es zu erwarten war, keine Antwort mehr von ihm. Zwischen uns beiden besteht nun also absolute Funkstille. Ich bleibe bei meinem Entschluss, ihn von meiner Seite aus nun nicht mehr zu kontaktieren. Manchmal ist ein Ende mit Schrecken tatsächlich besser als ein Schrecken ohne Ende. Ich habe mich weiterhin sehr viel mit meinem „inneren Kind" unterhalten in den letzten Tagen. Es danach gefragt, warum es denn bloß diese, wie auch schon sehr viele Beziehungen zuvor, wieder einmal unbedingt sabotieren musste. Warum es denn nicht einfach vertrauen könne. Das könne es einfach nicht, hat es mir verraten. Die Angst sei einfach zu groß. Die Angst, wieder allein gelassen zu werden. Was sich ja auch in jeder meiner Beziehungen erneut bestätigen würde. Ich habe versucht ihm zu sagen, dass dies sich ja nur jedes Mal aufs Neue wiederholen würde, weil wir die Männer eben mit unserem Verhalten in die Flucht schlagen würden. Und dass wir doch eigentlich im Prinzip bloß damit aufhören müssten. Wie wir das denn machen sollen, hat es mich da gefragt. Ich gebe zu, da bin ich momentan auch noch überfragt.

Aber ich denke, sich durch einen klaren Schnitt von meinem Ex-Freund nun doch komplett zu lösen, war schon einmal ein Anfang. Jetzt gilt es, das ungute Gefühl des Alleinseins und der Einsamkeit auszuhalten und sich nicht wieder direkt auf die nächste Beziehung zu stürzen, wie ich es aus meiner Vergangenheit gewohnt bin. Mein „inneres Kind" hat sowieso schon kaum noch Vertrauen in mich. Vielleicht wäre es wirklich an der Zeit, ihm zu zeigen, dass es mir vertrauen kann und gemeinsam mit ihm diese Verlustängste abzubauen. Vielleicht, je intensiver ich mich um es kümmere, lässt es zunehmend von der Vorstellung ab, dass wir unbedingt jemanden brauchen, der dieses Loch in uns stopft. Ich habe mir heute einen Ratgeber über das Thema „Krankhafte Eifersucht" bestellt. Ich weiß, dass ich mit diesem Problem nicht allein bin. Leider wird ein bisschen Eifersucht von unserer Gesellschaft ja durchaus für normal gehalten. Aber das ist es nicht. Das ist es ganz und gar nicht. Es ist eine ganz schwere Sucht und ich leide darunter selbst am meisten. Und ich bin ganz ehrlich, ob es mir tatsächlich gelingen wird, dieses Problem ganz ohne fremde Hilfe von außen in den Griff zu bekommen, weiß ich nicht. Ich weiß nur, dass ich es unbedingt will. Und zwar so unbedingt, dass niemals wieder eine Beziehung zu einem Mann mir so wichtig werden darf, dass ich mich selbst völlig dafür aufgebe. Und zwar niemals wieder.

Wer wärst Du ohne … im Ansatz zu wissen, wie es weitergehen wird?

Ich gebe es zu. Zurzeit habe ich keinen blassen Schimmer. Mehrmals täglich ertappe ich mich dabei, wie ich kurz davor bin, ihn wieder auf Facebook anzuschreiben. Meinen Ex-Freund. Doch ich bleibe standhaft. Was mir an einem Wochenende wie diesem mit meinen beiden Kindern alleine zu Hause nicht leicht fällt. Denn an den Wochenenden hatten wir uns meistens gesehen. Aber ich habe es meinem „inneren Kind" versprochen. Dass ich mich niemals wieder auf eine Beziehung mit einem Mann einlassen werde, die mich innerlich aussaugt und ausblutet. Und diese Beziehung hat mich meiner weiblichen Kraft beraubt. „Only Women bleed", sang Lita Ford einst. Wir Frauen bluten mehr, denn wir lieben zu sehr. Wir laufen mehr hinterher, opfern uns mehr auf, geben mehr. Und wenn wir schon lange nichts mehr geben können, weil wir selber schon völlig ausgebrannt sind, dann geben wir noch mehr. In der Hoffnung auf eine Liebe, die doch niemals erwidert wird. Stattdessen wende ich mich mich jetzt in erhöhtem Maße meiner selbst zu. Gönne mir selbst die nötige Ruhe, ernähre mich gut, pflege mich ausgiebig, mache ausgedehnte Spaziergänge in der Natur, gehe abends frühzeitig zu Bett, um morgens gut ausgeruht zu sein. Die letzten Wochen verbrachte ich meine Abende nur noch mit vergeblichem Warten auf Nachrichten.

Auf Nachrichten, die doch niemals kamen. Das hat mich völlig erschöpft. Diese Erschöpfung ist natürlich nicht spurlos an mir vorüber gegangen. Ein anhaltender Husten, der einfach nicht weggehen will. Symptome meiner Neurodermitis, die wie aus dem Nebel auf einmal wieder aufgetaucht sind. Das Gefühl, vor lauter Anspannung nicht mehr richtig atmen zu können. Ein Mensch sollte frei atmen können. Auch wenn er alleine ist. Niemals wieder werde ich es zulassen, dass mich eine Beziehung mit einem Mann so vereinnahmt. Niemals wieder will ich mich derart auflösen in jemandem. Und niemals wieder will ich mich meiner weiblichen Urkraft berauben lassen. Seine kleine Frau mit Augen, so hat er mich oft genannt. Die kleine Frau ist inzwischen aufgewacht. Und hat das erste Mal in ihrem Leben ihre Augen wirklich aufgemacht. Die Liebe, die wir uns so sehr im außen ersehnen, diese Liebe können wir uns nur selber geben. Und bevor wir das nicht gelernt haben, werden wir wieder und wieder zu Fässern ohne Boden. Und ich will kein Fass ohne Boden mehr sein. Ich will lernen, mir selber diese Liebe zu geben. Auch wenn das heißt, dass ich jetzt durch dieses tiefe Tal der Traurigkeit allein hindurch muss. Ich werde mich selbst auf einer grünen Aue weiden. Ich werde mich selbst zum frischen Wasser führen. Und wenn das Wasser verdorben sein sollte, dann werde ich es dieses Mal merken.

Wer wärst Du ohne … Deinen Freund noch kontaktieren zu können?

Bis heute hatte ein verzweifelter Teil von mir immer noch gehofft, die Beziehung zu meinem Ex-Freund wieder kitten zu können. Doch heute hielt ich es nicht länger aus und rief ihn an. Und er sagte mir ganz klipp und klar, dass er mich nicht mehr liebe und dass meine Eifersucht leider alles kaputt gemacht hätte. Für diese Beziehung kommt jede Hilfe zu spät. Der Zug ist abgefahren. Ich muss es endlich einsehen. Der Schmerz. Er brennt wie Feuer in meiner Kehle. Ich kann kaum noch atmen. Es ist also wirklich aus. Kein vielleicht mehr. Jegliche Hoffnung im Keim erstickt. Da hilft kein Bitten und kein Flehen. Was hatte ich meinem „inneren Kind" noch gleich versprochen? Ich muss mich jetzt selber schützen. Denn noch größeres Leiden halte ich zurzeit wirklich nicht mehr aus. Jetzt muss die Nabelschnur endlich durchtrennt werden. Ich habe heute sämtliche seiner Rufnummern aus meinem Handy gelöscht und ihn parallel auf Facebook geblockt. Jetzt ist es endgültig. Ich kann weder weiterhin schauen, was er macht. Mit welchen Frauen er schreibt. Noch kann er weiterhin auf mein Profil schauen. So etwas habe ich noch niemals bei einem Menschen machen müssen. Aber in diesem Falle sehe ich keinen anderen Ausweg. Ich kenne mich. Früher oder später wäre ich wieder auf sein Profil gegangen. Hätte mir wieder selber wehtun wollen.

Eine Frau mit Haaren fast bis zu den Kniekehlen ist es gewesen, die meine Eifersucht zum Schluss am meisten angefacht hatte. Meine Haare gehen mir nur bis zur Schulter und bei großem psychischem Stress fallen sie sogar aus. Sie haben wieder angefangen, mir aus zu gehen. Und hier setzt zum Glück endlich mein Selbsterhaltungstrieb wieder ein. Dieser Mann liebt mich nicht mehr. Das hat er mir heute gesagt. Niemand ist nun mehr da für mich. Niemand außer mir. Ich hoffe so sehr, dass ich sie in den Griff bekommen werde, meine krankhafte Eifersucht. Dieser Mann war nicht stark genug. Er konnte mich auf meinem Weg nicht unterstützen. Vielleicht ist es besser, dass unsere Wege sich nun letztendlich wirklich getrennt haben. Dennoch tut es verdammt weh. Ich muss lernen, mir selber eine Stütze zu werden. Nur weiß ich leider immer noch nicht wie. Und die Angst ist groß, in meiner nächsten Beziehung abermals in alte Verhaltensmuster abzurutschen. Denn meine Angst hat sich wieder einmal verstärkt. Meine Angst, dass vielleicht niemand jemals bei mir bleiben wird. Dass niemand mein wahres Wesen wirklich lieben kann. Wie auch, so lange ich es selbst nicht lieben kann. So lange ich mich selbst ständig mit anderen Frauen vergleiche und diese für schöner befinde und es einfach nicht glauben kann, dass jemand nur um meiner selbst willen bei mir bleiben würde. Klingt wie Utopia für mich.

Wer wärst Du denn … mit Dir selbst als der Partner an Deiner Seite?

„Am dunkelsten ist es immer kurz vor der Dämmerung", so sagt man. Noch viel dunkler als gestern konnte es für mich wohl nicht mehr werden. Wieder und wieder schaue ich mir auf Youtube einen Clip aus Bram Stokers „Dracula" an. Und zwar die Stelle zum Schluss des Films, in der Winona Ryder alias Mina Harker ihrem geliebten Grafen den Dolch ins Herz stößt und ihm danach den Kopf abhackt, um ihn so letztendlich von seinem Leiden zu erlösen. Mir blieb leider auch keine andere Chance mehr, als unserer Beziehung buchstäblich den Kopf abzuschlagen, sprich alle Verbindungen komplett zu durchtrennen. Wie wird es jetzt weitergehen? So komplett auf mich selbst zurückgeworfen. Seltsamerweise ging es mir heute morgen das erste Mal nach langer Zeit tatsächlich etwas besser. So als wäre eine schwere Last von meinen Schultern genommen worden. Ich kann auch wieder atmen. Ich war froh über die Ablenkung auf der Arbeit und habe danach in meiner Wohnung einmal wieder so richtig Ordnung geschafft und alle Zimmer aufgeräumt. Überflüssiges entsorgt oder in den Keller geräumt. Es ist schon von jeher eine Angewohnheit von mir, im äußeren Ordnung zu schaffen um auch im inneren wieder an Klarheit zu gewinnen. Klar ist mir zurzeit nur eines. Ich habe schon so vieles überlebt. Ich überstehe auch dieses hier.

Und dieses Mal will ich aus der ganzen Geschichte wirklich gestärkt heraus gehen. Mich mit mir selber auseinandersetzen. Warum ich mich zu welchen Männern hingezogen fühle und ob das überhaupt die richtigen Männer für eine Beziehung sind. Und warum ich vor denen, die sich vermutlich fantastisch dazu eignen würden, selber immer die Flucht ergreife. Ich werde mich selber so sehr von innen heraus stärken, dass ich meine Eifersucht ein für alle Mal ad acta legen kann. Und mir selbst meine beste Freundin und Partnerin sein. Jetzt, wo mein Blick wieder frei ist und nicht mehr zwanghaft in die eine Richtung gezogen wird, weil es dort ja nichts mehr zu sehen gibt, können endlich wieder Sachen vor meinem geistigen Horizont auftauchen, für die ich lange Zeit schon blind geworden bin. Z. B. mein Schreiben. Wie lange konnte ich schon keinen klaren Gedanken mehr fassen und diesen dann auch noch vernünftig zu Papier bringen. Ganz zu schweigen davon, dass ich komplett den Glauben daran verloren hatte, dass das dann auch wer lesen würde. Auf einmal sprudeln sie wieder nur so aus mir heraus die Worte. So als hätte sich ein böser Zauber, der auf mir lag, endlich wieder aufgelöst. Manche Dinge müssen beim Namen benannt werden. Meine Eifersucht, ein Thema, was ich lösen werde. Manche Lieben müssen losgelassen und manche Köpfe abgetrennt werden. Keine Bange, mein Ex-Freund lebt.

Wer wärst Du denn … wenn Du Deinen Fokus nach innen richtest?

Zurzeit sehe ich da nichts. Ich versuche, mich an die Sandra von vorher zu erinnern. Aber wann vorher? Vor dieser Beziehung? Vor der letzten? Vor meiner Scheidung vor zwei Jahren? Vor den Beziehungen davor? Oder noch weiter zurück? In meiner Kindheit vielleicht? Ich denke, so weit muss ich noch nicht einmal gehen. Ich erinnere mich noch recht gut an den Auslöser. Den Auslöser meiner krankhaften Eifersucht. Damals noch einhergehend mit einer dadurch bedingten Mager- und Sportsucht. Meine ersten beiden Beziehungen möchte ich eigentlich als stabil bezeichnen. Ich hatte verlässliche und solide Partner, die mir zu Schulzeiten und in meinen Zwanzigern eine stabile Stütze waren. Wir waren jeweils mehrere Jahre zusammen. Leider wurde es mir in beiden Beziehungen nach einer Weile dann zu langweilig. Ich glaube, es war mir einfach zu wenig Knoten im Bauch. Keine Ahnung, wer mich auf den Trip gebracht hat zu denken, ein Gefühl von Knoten im Bauch sei toll. Mit Mitte zwanzig hatte ich dann endlich einen Partner, der mir meinen Magen genügend umgedreht hat, um dieses Gefühl mit wahrer Liebe verwechseln zu können. Ich fand damals Pornos an seinem PC. An sich nichts Dramatisches, wäre ihm daraufhin nicht der fatale Satz raus gerutscht, diese Damen seien halt vom Optischen her eher sein Fall.

Eines schwor ich mir an diesem Tag. So wie diese Frauen würde ich auch aussehen. Viel besser sogar. Ich hörte einfach auf zu essen. Trieb jeden Tag Sport wie eine Wahnsinnige. Rutschte in eine Magersucht. Irgendwann verließ er mich dann. Eine Abwärtsspirale begann. Von Beziehung zu Beziehung verstärkten sich meine Verlustängste. Und auch meine Eifersucht auf andere Frauen. Meine Magersucht, die sich untypischer Weise übrigens erst Ende zwanzig entwickelte, überwand ich irgendwann. Übrigens erst dann, als ich tatsächlich den Entschluss fasste, nicht mehr weiter leben zu wollen. Da dachte ich mir damals: „Jetzt kannst Du auch fressen!" Aber mit den Pfunden kam ganz schleichend auch der Lebensmut zurück. Ich gewann wieder Freude an den Dingen, hatte wieder Spaß am Leben. Fühlte mich wieder stark. Bis zu meiner nächsten Beziehung. Denn zwei Sachen waren geblieben. Sowohl meine Eifersucht als auch meine Verlustängste hatten sich mit der Magersucht leider nicht verflüchtigt. Und so stolperte ich Hals über Kopf in eine Ehe, die man allenfalls als katastrophal bezeichnen kann. Aus der aber immerhin zwei wundervolle Kinder hervorgegangen sind, die etwas Besseres verdient haben als das Häufchen Elend an Mutter, das sie in den vergangenen Wochen und Monaten kennenlernen mussten. Und ich schwöre beim Universum, das werden sie jetzt auch endlich bekommen.

Wer wärst Du denn ... wenn Du Dir selber Aufmerksamkeit gibst?

Fässer ohne Boden, die haben leider eine Angewohnheit. Man kann noch so viel in sie hinein kippen. Der Inhalt läuft doch unten wieder hinaus. Ich will lernen, mich selber zu füllen. Füllen und nicht (über)füllen mit materiellen Dingen. Das ist damit nicht gemeint. Sondern lernen, mich selber von innen heraus zu füllen. Mir selber Liebe zu geben. Was nicht ganz so einfach ist wenn man gewohnt ist, dieses von anderen einzufordern. Ich will nicht sagen, dass ich in meinem Leben bislang so gar nichts dazugelernt hätte. Ich weiß sehr wohl, welche Dinge mir gut tun. Lange Vollbäder zum Beispiel. Sowie ausgedehnte Spaziergänge in der Natur. Sauna-Besuche. Schönheitspflege oder auch Wellness. Zeit für mich selbst im allgemeinen. Nachmittage auf der Couch mit einem guten Buch in der Hand. Das fängt eigentlich schon im ganz kleinen an. Es geht mir gut, wenn ich mich gut ernähre. Dafür sorge, ausreichend frisches Obst und Gemüse zu mir zu nehmen. Wenn ich dafür Sorge trage, ausreichend zu schlafen um ausgeruht morgens zur Arbeit gehen zu können. Wenn ich mich bewege. Und damit meine ich nicht meine zwanghafte Sportsucht aus vergangenen Zeiten. Das hat damals alles andere als Spaß gemacht oder gut getan. Ich meine damit sanfte Bewegungen ohne zu große Anstrengung wie bei Tai Chi oder Qi Gong.

Oder auch Tanzen. Tanzen macht mir sehr viel Freude. Oder auch abends ausgehen. Ich liebe es, mich stundenlang in aller Ruhe vorzubereiten, um dann einen netten Abend mit meinen Freunden in meiner Stammdiskothek zu verbringen. Sicher, die Häufigkeit hat mit den Jahren nachgelassen. Dennoch, in der Vergangenheit hat es sich gezeigt, dass mir ab und an etwas Ausgelassenheit mehr als gut tut. Sprich, ich weiß eigentlich alles, was ich dafür tun muss, um wieder auf die Beine zu kommen. Paradoxerweise waren auch die Zeiten in meinem Leben, in denen ich keine Beziehung hatte, meine besten. Weil es mir in diesen Zeiten stets gelingt, gut für mich Sorge zu tragen. Eigentlich sind meine Verlustängste also völlig unbegründet. Denn aus der Vergangenheit weiß ich, auf sich selber zurückgeworfen zu werden ist nicht so schlimm, wie es sich anhört. Jedoch scheine ich dann jedes Mal aufs Neue den Fehler zu begehen und in die nächste Beziehung zu schlittern. Und dann hört das alles wieder auf. Die Eifersucht fängt wieder an. Oft kann ich weder essen noch schlafen, weil ich gedanklich beim anderen bin. Ich erlaube mir dann auch generell viel weniger Ich-Zeit. Und bei ausgelassenen Abenden mit meinen Freunden habe ich ein schlechtes Gewissen. Und ständig ist da diese schreckliche Angst, den anderen wieder zu verlieren. Meine einzige Angst müsste eigentlich sein, MICH wieder zu verlieren.

Wer wärst Du denn … wenn Du Dich selber wertschätzen würdest?

Ich habe es gewagt. Bin wieder unter die Leute gegangen. In meine Stammdiskothek. Allein. Wobei ich dort natürlich nicht wirklich allein bin sondern unter vielen lieben Menschen, die ich zum überwiegenden Teil schon lange kenne. Auch bin ich nicht unbedingt ein Typ, der sich wirklich allein unter Menschen fühlt sondern in der Regel schnell Zugang findet. Jedoch neige ich, wenn ich in einer Beziehung bin, tatsächlich dazu, voll und ganz in diese einzutauchen, Freunde und Bekannte zu vernachlässigen und kaum noch auszugehen. Ein Fehler, wie mir die Vergangenheit gezeigt hat, da ich aus diesen Abenden mit meinen Freunden jeweils große Kraft tanke. Merkwürdigerweise bin ich es mir außerhalb einer Beziehung wert genug, alleine wegzugehen. Innerhalb einer Beziehung aber nicht. Ich kann mich derart in einem anderen Menschen verlieren, dass ich alles für ihn aufgebe. Meine Abende für mich allein. Meine Abende mit Freunden. Meine Schreiberei. Meine Gesangsaufnahmen. Ja, ich singe sogar von Zeit zu Zeit. Mein Bedürfnis nach Freiheit, Ausgelassenheit und Selbstverwirklichung. Weil mir eine Stimme im Kopf dann immer zuflüstert: „Das darfst Du jetzt alles nicht mehr!" Sprich, in einer Beziehung da kann mein Partner mich dann auch mit Haut und Haaren haben, ob er das nun will oder nicht.

In der Regel will er es natürlich nicht. Gestern in meiner Stammdiskothek tanzte ich mit einer Freundin von mir. Sie selber hat erst vor einem halben Jahr eine harte Trennung von ihrem Freund durchgemacht. Er selber sucht weiterhin die gleiche Diskothek auf, mit seiner neuen Freundin. Meine Freundin geht weiterhin dorthin. Quält sich, redet unablässig über ihn. Was sie falsch gemacht habe. Was er falsch gemacht habe. Warum es mit seiner neuen Freundin auch wieder nicht funktionieren werde. Was für ein Egoist er doch sei und was er ihr alles angetan habe. Mir fällt auf, dass sie ziemlich viel abgenommen hat in der letzten Zeit. Sie ist zurzeit nur noch ein Schatten ihrer selbst. Sie erinnert mich an mich selber während meiner Magersucht. Ich frage mich, warum sie sich selber so quält und sich das antut, weiterhin stur den selben Ort aufzusuchen wie der Mensch, den sie gleichzeitig zu lieben und zu hassen scheint. Ohne ihn sei sie nichts, sagt sie mir. All ihren Wert hätte sie mit Ende dieser Beziehung verloren. Es stimmt mich sehr traurig, sie so zu sehen. Leider weiß ich auch nicht so wirklich, wie ich ihr helfen kann. Wenn sie sehen würde, was ich sehe. Wenn sie sehen würde, was für eine hübsche und tolle Frau sie ist. Aber das sieht sie nicht. Sie denkt tatsächlich, ihr Wert stehe und falle mit einem Mann. Es erschien fast, als hätte ich in einen Spiegel geblickt am gestrigen Abend.

Wer wärst Du denn ... wenn Du Dir im Spiegel zulächeln würdest?

Zugegeben, in der letzten Zeit fiel mir das nicht ganz so einfach. Während ich mich in einer Beziehung befinde, bin ich schließlich voller Elan und Wahn damit beschäftigt, mich mit anderen Frauen zu vergleichen. Und irgendwie finde ich dann so ziemlich jede Frau schöner als mich. Da bleibt kein Blick mehr für das eigene Spiegelbild. Meine Haare finde ich dann grundsätzlich zu dünn, meinen Bauch zu dick, meine Beine zu kurz, meine Nase zu lang, meine Lippen zu schmal und meine Hüften zu breit. Ein Ex-Freund von mir hat es auch tatsächlich einmal gewagt, mir zu sagen, dass ich irgendwie Ähnlichkeit mit unserer Kanzlerin hätte. Ich weiß nicht, was er damit bezwecken wollte, aber der Spruch saß. Wahrscheinlich war es bloß ein Witz. Jedoch sind meine Unsicherheiten in dieser Richtung derart stark ausgeprägt, dass bereits so ein harmlos gemeinter kleiner Witz mich direkt zum Weinen bringen kann. Dabei bekomme ich eigentlich überwiegend positives Feedback von meiner Umgebung. Für mein Alter habe ich mich wirklich gut gehalten, so teilt man mir häufig mit. Viele Leute halten mich für eine attraktive Frau. Das war aber nicht immer so. Ich kann mich noch lebhaft an meine Teenager-Zeit erinnern. Stets etwas zu klein, etwas zu speckig und etwas zu pickelig und dabei extrem schüchtern, fiel ich kaum auf.

Während die anderen Mädchen in meiner Klasse bereits mit elf ihre ersten Erfahrungen mit dem anderen Geschlecht sammelten und mir begeistert von ihren ersten Küssen und ihren ersten Liebesbriefen berichteten, blieb ich stets auf der Bank sitzen. Genauso übrigens wie im Sportunterricht. Die Person, die immer als letzte ins Team gewählt wurde, war ich. Solche Sachen prägen. Natürlich sind diese Zeiten lange vorbei und ich fühle mich im Prinzip schon lange nicht mehr wie die hässliche Ente. Im Prinzip. Denn jedes Mal, wenn ich in einer Beziehung bin, holen sie mich wieder ein, die alten Selbstzweifel. Bin ich auch wirklich hübsch genug? Kann ich auch wirklich mit anderen Frauen konkurrieren? Und nichts anderes ist es dann als ein gnadenloser und peinlicher Konkurrenzkampf mit anderen Frauen. Und zwar mit allen Frauen. Dann halte ich JEDE Frau für eine potentielle Bedrohung. Dann bin ich auf die Kassiererin im Supermarkt und die Frau von der Tankstelle eifersüchtig weil ich mich dann bei jeder Frau frage, ob mein Freund diese wohl schöner finden könnte. Und innerhalb von Sekunden fange ich an, diese armen und unschuldigen Frauen abgrundtief zu hassen. Zurzeit jedoch befinde ich mich in keiner Beziehung und muss auf keine Frau eifersüchtig sein und darf mir selbst im Spiegel zulächeln. Schmunzelnd stelle ich fest, ich wäre sogar auf mich selbst eifersüchtig.

Wer wärst Du denn mit etwas mehr Mut, Vertrauen und Zuversicht?

Momentan sind alle diese drei Dinge bei mir Mangelware. Ich fürchte, mein Mut, Sachen anzupacken und in Angriff zu nehmen sowie Vertrauen in die Zukunft und die Zuversicht, dass auch wirklich alles gut wird, sind mir etwas abhanden gekommen. Irgendwie fühle ich mich immer noch wie ein weggeworfenes Spielzeug. Für eine Weile für ganz lustig befunden, dann achtlos in die Ecke geworfen und irgendwann vergessen. Vielleicht liegt das auch daran, dass ich mich selbst wieder einmal vergessen habe. Mich zum Püppchen eines Mannes gemacht habe, wie besessen darauf bedacht, diesen zufrieden zu stellen aus Angst, dieser könne sich einer anderen Puppe zuwenden. Dabei ist das noch nicht einmal die Schuld des jeweiligen Mannes. Es ist nicht gerade so, dass Männer die totale Selbstaufgabe von mir fordern würden. Im Gegenteil, es scheint sie sogar abzustoßen. Welcher Mann will schon ein kleines Anhängsel, das sich selber völlig aufgibt? Und trotzdem tappe ich jedes Mal in die gleiche Falle. Anstatt mich meiner Malerei zu widmen, verbringe ich dann stundenlang damit, mich selbst inklusive Fuß- und Fingernägeln zu bemalen. Statt an meinem Buch zu schreiben, sinniere ich dann nur noch über die perfekte Wortwahl im Schriftverkehr mit dem Objekt meiner Begierde. Und statt mir etwas Ruhe zu gönnen.

Z. B. mit einem guten Buch oder meiner Lieblingsserie, bin ich bloß damit beschäftigt, blind für alles um mich herum, auf Antworten meines Angebeteten zu warten. Warten ist das Wort, das es eigentlich am besten trifft. Bloß warten worauf eigentlich? Als würde ich auf eine externe Erlaubnis warten, dass es mir endlich gut gehen darf. Bleibt diese Erlaubnis aus, muss es mir eben weiter schlecht gehen. Aber muss es das wirklich? Soll das jetzt etwa für den Rest meines Lebens so weitergehen? Warum kann ich mir nicht selber Mut machen, in meiner Rolle z. B. als alleinerziehende Mutter? Warum habe ich kein Vertrauen in mich, dass ich die Dinge schon irgendwie allein bewältigen werde? Warum kann ich nicht voller Zuversicht in die Zukunft blicken sondern verspüre ständig dieses erdrückende Gefühl der Enge in der Brust bei der bloßen Vorstellung, alleine zu sein? Fragen, die ich für mich klären werde. Es muss gehen. Andere schaffen es doch. Mein Arbeitskollege z. B. fährt drei Wochen alleine nach Schottland und freut sich wie ein Schneekönig darauf. Und ich werde das kommende Wochenende alleine in Hamburg verbringen und bin kurz vor einer Panikattacke. Was, wenn ich vom Bahnhof nicht zum Hotel finde? Oder vom Seminar nicht wieder zurück zum Hotel geschweige denn zum Bahnhof? Wenn ich mir drei Dinge wünschen dürfte, dann wären es etwas Mut, Vertrauen und Zuversicht.

Wer wärst Du denn … wenn Du Deinen Blick nach vorne richtest?

Ich kann stundenlang über eine bestimmte Sache grübeln. Dabei drehe ich mich in ewigen Endlosschleifen immer wieder im Kreis. Vorzugsweise, wenn ich mir Vorwürfe über mein Versagen mache. Mein Versagen in Beziehungen, im Beruf oder auch als Mutter. Man nennt es auch zwanghaftes Grübeln. Zwanghaftes Grübeln über all die Sachen, die ich in meiner Vergangenheit falsch gemacht habe und die letztendlich dazu geführt haben, dass bereits mehrfach meine Beziehungen in die Brüche gegangen sind und ich auch schon des Öfteren meine Arbeitsstellen wechseln musste. Wem nützen diese stundenlangen Grübeleien? Niemandem. Bereits seit Jahren befasse ich mich mit buddhistischen Praktiken wie z. B. Achtsamkeit-Übungen oder auch geführten Meditationen. Beides soll einen zu innerer Ruhe und gefestigterem Gleichgewicht zurückführen. Es gibt wohl kaum einen größeren Verfechter des Lebens im Augenblick als den Buddha, oder auch „den Erwachten" (obwohl man heutzutage eigentlich im gleichen Atemzug durchaus auch Eckhart Tolle nennen könnte). Leider bin ich von einem erwachten Zustand noch meilenweit entfernt, denn verheerend oft werden mir meine eigenen Gedankenspiralen zum Verhängnis. Wie gerne würde ich das hinter mir lassen. Nicht mehr nachdenken müssen.

Weder an meinen Ex noch daran, dass ich erst im letzten Jahr wieder einmal einen Job verlor. Oder daran, dass ich oftmals dermaßen selbstfixiert bin, dass ich alles um mich herum vergesse, selbst meine Kinder und dann nicht in der Lage bin, ihnen eine liebevolle Mutter zu sein. Und damit schließt sich der Kreis der Schuldgefühle dann auch wieder weil ich dann anfange, mich dafür zu verurteilen, dass meine Kinder irgendwann bestimmt einmal ganz genauso verkorkst werden wie ich. Sie sollten nicht in ihren jungen Jahren schon so viel durchgemacht haben. Sie sollten keine Scheidungskinder sein. Und sie sollten auch keine depressive Mutter haben, die selbst nicht alleine klar kommt und sich ständig an neue Kerle klammert. Sie sollten ein starkes weibliches Rollenvorbild haben, das ihnen zeigt, dass man, selbst wenn das Leben einen fallen gelassen zu haben scheint, die innere Stärke entwickeln kann, wieder aufzustehen und es dennoch zu meistern. Ich weiß nicht, ob man so eine Frau so einfach werden kann oder ob das alles bloß fromme Wünsche einer Verrückten sind, die selbst noch bis zu den Knien in kindlicher Naivität versickert. Dennoch weiß ich, dass ich es versuchen muss. Ich bin es meinen Kindern schuldig. Ich bin es mir SELBER schuldig. Und so bitte ich diese Frau im Spiegel flehentlich, dass sie mir doch verzeihen und mir meine Fehler nicht länger nachtragen möge.

Wer wärst Du denn ... mit Dir selbst allein in einer fremden Stadt?

Eigentlich könnte ich an dieser Stelle aufhören, mein Buch weiter zu schreiben, denn mein Problem scheint gelöst. Seit vergangenem Wochenende verspüre ich noch nicht einmal mehr den Ansatz von Eifersucht oder Groll. Aber ein Problem, das ich eigentlich plante, auf ca. 200 Seiten gelöst zu haben, soll auf Seite achtzehn tatsächlich schon passé sein? Das klingt irgendwie zu einfach um wahr zu sein. Ist es aber. Doch von vorne. Am Wochenende war ich auf besagtem Selbstliebe-Seminar in Hamburg. Mit der Bahn. Auf der Hinfahrt saß ich zwischen einer Teenager-Gruppe von jungen hübschen Mädels, die ich tendenziell eher als nervig empfand. Ich fühlte mich außerdem mit meinem mehr als doppelten Alter und meiner eher depressiv anmutenden Stimmung absolut nicht mehr zugehörig zu ihnen sondern völlig abgeschnitten. Ich hatte das Gefühl, jeder Fahrgast hätte jemanden an seiner Seite, nur ich nicht. Alleine zu einem spirituellen Seminar fahren, noch dazu in eine fremde Großstadt, in der ich noch niemals zuvor war, auf so eine absurde Idee konnte doch bloß ich kommen. Und dem Himmel sei gedankt, dass ich auf diese absurde Idee kam. Denn dieses Seminar hat so ziemlich alles bei mir verändert. Um es direkt vorweg zu nehmen, keine meiner Ängste haben sich bewahrheitet. Ich habe alles vor Ort direkt gefunden.

Ohne jemanden nach dem Weg fragen zu müssen. Auf dem Seminar selber, das zur Zielsetzung die Annahme und das Akzeptieren des Augenblickes und zwar eines jeglichen Augenblickes hatte, traf ich auf zwölf tolle Menschen, die sich mit ganz ähnlichen Problemen herumschlagen wie ich. Mit Eifersucht, Gefühlen von nicht geliebt werden, Gefühlen von Einsamkeit, Minderwertigkeit, abgeschnitten sein und Isolation. Und jeder einzelne dieser zwölf Menschen hat es während dieses Seminars geschafft, seine Situation zu klären. Dabei haben wir eigentlich gar nicht so viel gemacht außer zu meditieren und uns zugehört. Aber wir haben eines getan. Jeder von uns hat den jeweils anderen zu einhundert Prozent angenommen. Und zwar völlig unabhängig von dessen Vorgeschichte. Ich konnte alles, was sich schon so lange bei mir angestaut hatte, raus lassen in diesen beiden Tagen. Meine Scham, meine Wut und meine unglaublichen Schuldgefühle darüber, dass ich so bin wie ich bin. Niemand hat mich verurteilt. Diese Menschen haben mich gesehen, nicht nur rein optisch sondern sie haben mich tatsächlich wahrgenommen. Sollte es tatsächlich so einfach sein, sich selber zu heilen? Innerhalb von bloß zwei Tagen auf einem Seminar? Auf der Rückfahrt fühlte ich mich jedenfalls alles, nur eines nicht mehr, abgeschnitten. Ich fühlte mich als Teil des Ganzen. Des großen Ganzen.

Wer wärst Du denn … mit Dir selber und allem wieder verbunden?

Eine Woche ist es jetzt her, seit ich auf dem Selbstliebe-Seminar in Hamburg war. Und seit einer Woche habe ich keinen einzigen belastenden Gedanken oder gar Groll gegen jemanden mehr verspürt. So ganz traue ich dem neuen Frieden in mir noch nicht. Das kann es doch jetzt echt nicht gewesen sein oder etwa doch? Seit ein paar Tagen habe ich den Kontakt zu meinem Ex-Freund wieder aufgenommen. Weder muss ich ihn länger auf Facebook blocken noch eine mir selbst auferlegte Kontaktsperre länger einhalten, denn das Bedürfnis, ihm hinterher zu spionieren oder zu schauen, was er tut, ist mit einem Mal wie weggeblasen. Es interessiert mich einfach nicht mehr. Dies aber nicht in einem negativen Sinne von, dass es mir am Popo vorbeigehen würde. Im Gegenteil, ich will dass es ihm gut geht. Ich will, dass es uns allen gut geht, mich selber eingeschlossen. Ich habe angefangen, zur Ruhe zu kommen. Ich meine, wirklich zur Ruhe zu kommen. Aber es ist keine erzwungene Ruhe. Vielmehr verhält es sich so, dass ich diese ständige Dauerberieselung oder das „Im-Hintergrund-Geplapper", wie ich es auch gerne nenne, das wir durch Radio, Fernseher und Internet in Anspruch nehmen, auf einmal nicht mehr zu brauchen scheine. So unglaubwürdig sich das anhört, es gibt auf einmal keine unangenehmen Gedanken mehr.

Ich liebe es auf einmal, mit mir allein zu sein. Byron Katie hat einmal gesagt, dass es kein Wunder sei, dass kaum jemand mit sich allein sein könne wenn man mal bedenken würde, mit wem er dann da alleine sei. Auf gut Deutsch heißt das wohl so viel wie, wenn Du Dir selbst Dein schlimmster Feind bist, kein Wunder, dass Du Angst hast, mit Dir allein zu sein. Was ich auf dem Seminar am vergangenen Wochenende für mich wirklich verinnerlichen konnte ist, dass wir mit allem, ob wir das nun wollen oder nicht, verbunden sind. Und dass wirklich jeder Mensch in jedem Augenblick immer sein Bestes gibt und daher kein Grund besteht, irgendjemanden für sein Tun zu verurteilen. Auch mich selber nicht. Ich konnte mir meine krankhafte Eifersucht und meine Versuche, Männer in Liebesbeziehungen hinein zu manipulieren vergeben, indem ich es zuerst anderen vergeben konnte. Und wenn es einem gelingt, andere fremde Menschen in ihrer Gesamtheit mit all ihren Fehlern und Schwächen nicht nur anzunehmen, sondern sogar zu mögen, welchen Grund gäbe es dann noch, sich selber weiter abzulehnen? Jeden Tag nehme ich mir nun ein paar Minuten Zeit zur Meditation. Ein paar Minuten täglich, um meine neu gewonnenen Erkenntnisse zu vertiefen. Und diese paar Minuten täglich haben bereits eine enorme Wandlung in mir in Gang gesetzt meine Wahrnehmung der Welt betreffend. Nun geht es an die Vertiefung.

Wer wärst Du denn … wenn alle um Dich herum so bleiben dürften?

Morgen ist mein vierzigster Geburtstag. Eine Tatsache, die für sich allein genommen schon die ein oder andere Frau in eine tiefe Lebenskrise stürzen kann. Aber es kommt noch schlimmer. Ich bin immer noch Single. Praktisch das erste Mal in meinem Leben. Seit meinem dreizehnten Lebensjahr war ich eigentlich niemals lange allein, sondern hüpfte wie ein Grashüpfer von Beziehung zu Beziehung. Was ich jedoch dabei vernachlässigte war, jemals eine wirklich gesunde Beziehung zu mir selber aufzubauen. Ich definierte mich immer über meinen jeweiligen Partner. Wenn mein Freund Eishockeyspieler war, ging ich mit zum Eishockey. Wenn er in einer Band spielte, ging ich mit zu den Auftritten. Wenn er Schottland-Fan war, so reiste ich mit nach Schottland. Wobei ich jetzt nichts gegen Schottland sagen möchte, es ist ein fantastisches Land. Aber ich habe mir niemals darüber Gedanken gemacht, was ICH eigentlich will. Und wenn man daran gewöhnt ist, sich derart in jemandem aufzulösen da man die eigene Persönlichkeit ja sowieso überhaupt nicht kennt, verwundert es wohl auch nicht, dass jede andere Frau von außen zur dunklen Beziehungs-Bedrohung wird. Denn wenn diese zum Einsturz gebracht wird, was bleibt dann noch? Eine zurzeit ziemlich verrückte Frau Anfang vierzig auf der Suche nach sich selbst.

Seit fast zwei Wochen meditiere ich nun regelmäßig. Ganz klischeehaft mit angewinkelten Beinen im Lotos-Sitz. Dabei beobachte ich ein brennendes Teelicht in einer kleinen Buddha-Statue und lasse meinen Gedanken freien Lauf. Ich versuche dabei, diese nicht zu bewerten. Was nicht ganz so einfach für mich ist, denn ich bin eigentlich ständig dabei, die Dinge zu bewerten. Dieses, der, die und das sollten anders sein. Dieses und jenes hätten so nicht passieren dürfen. Dieser und jener hätten dies und das nicht mit mir machen sollen. Schon gar nicht Schluss. Meine Gedanken landen natürlich schnell wieder beim aktuellen Thema. Aber was absolut neu für mich ist: Sie ziehen auch wieder weiter wenn man sie denn (los) lässt. Sie lassen mich nicht mehr nachts über Stunden schlaflos verzweifelt nach einer Lösung grübeln. Ich beginne, die Dinge anzunehmen, so wie sie nun einmal sind. Ja, mein Freund hat mit mir Schluss gemacht. Ja, ich werde morgen vierzig. Ja, ich habe viele Dinge getan, die sich letztendlich als unklug herausgestellt haben und viele Dinge gesagt, die Menschen verletzt haben. Wir alle tun das, denn wir sind MENSCHEN. Und wir machen Fehler. Und es geht in diesem Leben nicht darum, fehlerlos oder gar perfekt zu werden. Sondern einzig und allein darum, daraus zu lernen und durch den Schmerz darüber uns selber und dadurch letztendlich auch den anderen endlich näher zu kommen.

Wer wärst Du denn … aus Deinen Wechseljahren wieder zurück?

Heute ist mein vierzigster Geburtstag und ganz so als wollte sie mir zum Geburtstag gratulieren, ist sie auf einmal wieder zurück – meine Periode. Dabei hatte ich diese eigentlich schon seit ca. einem dreiviertel Jahr abgeschrieben. Merkwürdigerweise blieb sie in dem Monat aus, als ich mit meinem letzten Freund zusammen kam. Der die Menstruationsblutung der Frau übrigens regelmäßig mit Worten wie „ekelhaft" und „widerlich" titulierte. Eigentlich kann ich es ihr also kaum übel nehmen, dass sie sich verzog, meine geliebte Blutung. Jetzt, ca. zwei Monate nach der Trennung von diesem Mann ist sie also zurück und zwar heftiger denn je. Und ich freue mich wie eine Schneekönigin, dachte ich doch ihr Wegbleiben sei nun der endgültige Beweis für den Beginn meiner Wechseljahre. Vielleicht war sie einfach nur traurig. Traurig, dass ich einen Mann an mich heran ließ, der das höchste Attribut der Weiblichkeit als abartig ansah. Was es auch war, ob Wut oder Trauer oder beides, anscheinend hat meine Menstruationsblutung mir meine Untreue ihr gegenüber verziehen. Denn sie ist wieder da und ich verspreche ihr feierlichst, niemals wieder ein männliches Wesen zwischen uns kommen zu lassen, das meine Weiblichkeit auch nur einen Deut weniger liebt als meine Wenigkeit. Und ja, ich liebe sie inzwischen.

Die Zeiten, in denen ich sie ablehnte, sind lange vorbei. Vor ein paar Jahren habe ich mal ein sehr gutes Buch zu diesem Thema gelesen: „Die Wolfsfrau – Die Kraft der weiblichen Urinstinkte" von Clarissa Pinkola Estés. Das Buch hat bei mir damals einen ziemlichen Umdenkprozess in Gang gesetzt. Früher eine Verfechterin der radikalen Entfernung meines Scham-Haares, lasse ich es nun sowohl an meinen Beinen als auch unter meinen Achselhöhlen und an meiner Vagina munter vor sich hin sprießen. Denn zu schämen gibt es da mal gar nichts. Daher wurde wohl die Verbindung mit einem „frauenfeindlichen" Mann von meiner Menstruation zu Recht als Hochverrat angesehen. „Meine liebe Menstruation, bitte sei doch so lieb und bleibe mir noch für die nächsten zehn Jahre erhalten. Ich verspreche Dir hoch und heilig – beim nächsten Mann wird alles anders!" Wahrscheinlich werde ich diesen bei unserer ersten Verabredung fragen: „Wie stehst Du denn eigentlich zu Blut? Und wie stehst Du zu Haaren? Und wie stehst Du zu Blut in Kombination mit Haaren?" Aber mal Scherz beiseite. In meinen Zwanzigern habe ich den Modetrend der kahlen Muschis mitgemacht. Ich wusste es nicht besser. Heute weiß ich es. Nichts geht über unsere Weiblichkeit, und die Entscheidung darüber ob Haare ja oder nein sollten wir uns meines Erachtens von nichts und niemandem auf diktieren lassen. Punkt.

Wer wärst Du denn … wenn Du Dir selbst Deine eigene Mutter bist?

Meine Mutter war eine viel beschäftigte Frau. Neben der Aufgabe, mich und meine beiden Geschwister groß zu ziehen, hat sie noch Zeit ihres Lebens als selbständige Steuerberaterin gearbeitet und war im ortsansässigen Tennisclub im Vorstand. Letzteres ist sie noch heute. Finanziell hat es uns niemals an etwas gemangelt. Schon als Kinder haben wir mit unseren Eltern zusammen viel von der Welt gesehen, die mit uns zahlreiche Reisen in ferne Länder unternahmen. Wir wohnten in einem großen Haus und hatten eigentlich alles, was man sich als Kind nur wünschen kann. Eigentlich. Zumindest materiell hat es uns niemals an etwas gemangelt. Doch das hatte seinen Preis. Beide meine Eltern mussten dafür hart arbeiten. Ihre Kinder sollten es doch schließlich einmal besser haben als sie selber. Sie selbst waren in relativer Armut aufgewachsen. Den Preis haben wir in der Form gezahlt, dass meine Eltern, insbesondere meine Mutter, emotional wenig zugänglich waren. Auch das soll an dieser Stelle kein Vorwurf sein, denn ich habe großen Respekt vor den Lebensleistungen meiner Mutter. Vermutlich muss man zu einem gewissen Grad innerlich verhärten, um das alles über die Bühne zu bringen. Geklagt oder gejammert hat sie jedenfalls kein einziges Mal. Als kleines Kind wiederholte ich wie eine Schallplatte den Satz:

„Mama, hast Du mich noch lieb?" Dieses fragwürdige Verhaltensmuster hat sich leider auf meine Beziehungen übertragen. Noch in jeder Beziehung habe ich meine Partner früher oder später mit diesem Satz in leicht abgewandelter Form konfrontiert. „Liebst Du mich (noch)?" Aber ein Partner kann kein Mutterersatz sein und jeder Mann, der diese Frage zum fünfzigsten Mal innerhalb kurzer Zeit hört, geht wohl irgendwann die Wände hoch. Zurzeit mache ich Folgendes: Ich bemuttere mich selbst. Auf der einen Seite, indem ich schaue, dass es mir gut geht und ich auf meine Grenzen achte, was für mich heißt, früh zu Bett zu gehen, mich gut zu (er)nähren und mir täglich die nötige Ruhe gönnen, um selber als alleinerziehende und berufstätige Mutter gut funktionieren zu können. Auf der anderen Seite ganz konkret, indem ich meine beiden kleinen Kinder bemuttere. Zurzeit unternehmen wir drei sehr viel gemeinsam. Ich gehe mit ihnen zum Turnen und zum Tennis, nehme sie mit in die Sauna oder wir besuchen meine Schwester mit ihren beiden Kindern. Und es tut mir unglaublich gut, sie so ausgelassen und offensichtlich glücklich zu sehen. Kinder zeigen ihre Liebe auf eine direkte Art und Weise, die uns Erwachsenen leider in den meisten Fällen irgendwann abhanden kommt. Mir scheint es, als würde ich mich durch meine vermehrte Hinwendung zu ihnen nun letztendlich selber heilen.

Wer wärst Du denn … wenn Du Dich nun wieder in Balance bringst?

„Herbstäquinoktium", oder auch Tag-und-Nacht-Gleiche genannt. Heute werden der lichte Tag und die Nacht exakt gleich lang sein. Auf der Nordhalbkugel der Erde, wo meine Wenigkeit sich irgendwo befindet, beginnt heute kalendarisch der Herbst, meine liebste Jahreszeit übrigens. Auf der Südhalbkugel, man mag es kaum glauben, läutet der heutige Tag tatsächlich den Frühlingsbeginn ein. In jedem Falle stehen die Tag-und-Nacht-Gleichen aber für den Abschied von etwas Altem und den Anfang von etwas Neuem. Zeit, sich sowohl innerlich als auch äußerlich wieder in Balance zu bringen. Seit geraumer Zeit bin ich nun schon dabei. Meditiere täglich. Habe wieder angefangen zu „hoopen" (die sanft kreisenden Bewegungen beim Hula-Hoop-Training kann ich nur jedem mit gutem Gewissen empfehlen. Macht einfach nur Spaß!). Gehe früh zu Bett. Suche häufig die Sauna auf (sowohl mit meinen beiden Sprösslingen als auch allein). Ernähre mich in erster Linie von frischem Obst und Gemüse (wobei durchaus auch an dem ein oder anderen Abend die dunkle Bitter-Schokolade dran glauben darf). Nehme mir ausgiebig Zeit für mich selbst. Führe fruchtende Gespräche mit meinen Facebook-Freunden. Gehe ab und an abends (wieder) aus. Verarbeite meine Erlebnisse und Erfahrungen aus der letzten Zeit in diesem Buch.

Es geht mir gut! Ich habe wieder zu einem inneren Gleichgewicht zurückgefunden, wo ich mich schon oft in meinem Leben gefragt habe, warum mir das eigentlich immer wieder gelingt. Ich weiß nicht, ob meinen Meditationen der Dank dafür zuzuschreiben ist aber ich denke, die Wissenschaft nennt es wohl Resilienz (psychische Widerstandsfähigkeit) und meint die Fähigkeit, Krisen zu bewältigen und sie durch Rückgriff auf persönliche und sozial vermittelte Ressourcen als Anlass für Entwicklungen zu nutzen. Ich möchte betonen, dass ich den letzten Satz aus Wikipedia geklaut habe. Ich denke, ich besitze Resilienz. Oder aber ich habe neun Leben wie eine Katze. Wobei ich mich dann aber bereits im gefühlten neunzehnten Leben befinde. Neu ist der Umstand, dass ich dieses Mal zu diesem inneren Gleichgewicht zurückgefunden habe, obwohl ich immer noch Single bin. Oder aber gerade deswegen, denn irgendwie fühlt es sich dieses Mal sogar ein Stück weit solider an als sonst. Zurzeit gilt es für mich nur, dieses Gleichgewicht zu bewahren und nicht wieder in alte ungesunde Verhaltensmuster zurück zu fallen. Vor allem aber, mich nicht wieder Hals über Kopf in eine Beziehung mit einem Mann zu stürzen, der genau diese schädlichen Verhaltensweisen unbewusst in mir auslöst. Ich würde lügen, wenn ich sage, dass ich diesbezüglich frei von allen Ängsten wäre.

Wer wärst Du denn ... wenn Du es wagst, Gott wieder zu vertrauen?

Gott nennen ihn die Christen. Allah nennen ihn die Moslems. Die Juden bezeichnen das Göttliche als allumfassend und somit unaussprechlich und zogen es daher vor, dem großen Ganzen lieber keinen eindeutigen Namen zu geben. Mit letzterem kann ich mich persönlich am ehesten identifizieren, denn wirklich fassen oder begreifen kann man Gott nicht. Man kann ihn lediglich in sich selber fühlen oder hören wenn man ihn denn zu Wort kommen lässt (oder lange genug meditiert hat). Ich nenne ihn übrigens lediglich der Einfachheit halber ER, denn Gott hat für mich so wenig mit einem alten Mann mit langem weißen Bart zu tun, wie die Gruppe Tokio Hotel mit Japan. Bzw. hat er das eigentlich doch, denn ich sehe Gott in allen Lebewesen, unabhängig von ihrem Geschlecht, ihrer Herkunft oder sonstigen Nebensächlichkeiten. Vor kurzem diskutierte ich mit einem engen Freund darüber, dass es Gott überhaupt nicht geben könne. Und das stimmt auch. Für ihn. Denn er glaubt nicht an Gott. Und wenn ich an etwas nicht glaube, dann gibt es das auch nicht für mich. Gott ist meines Erachtens noch nicht einmal eine Frage des Wissens sondern vielmehr des Fühlen. Wenn ich still werde, wenn ich wirklich zur Ruhe komme innerlich, dann fühle ich Gott. Und Gott ist dann für mich nicht mehr und nicht weniger als meine eigene innere Stimme.

In Zeiten, in denen ich zwanghaft damit beschäftigt bin, einem Mann hinterher zu jagen, höre ich diese Stimme allerdings nicht mehr. Oder aber sie wird zumindest sehr leise. In meinen Meditationen während des letzten Monats hat sie sich ganz langsam und zaghaft wieder bei mir zurückgemeldet. Auf meine Frage hin, warum mein letzter Freund mich denn nicht geliebt habe, hat sie mir geantwortet: „Weil er es nicht kann!" Seit diesem Satz ist es mir gelungen, die Gedankenspiralen daran los zu lassen. Und das ganz ohne Wut und Bitterkeit. Heute hat Gott dann auf einmal ganz deutlich zu mir gesprochen. Ich hatte einen Arzttermin bei einem Orthopäden in einer anderen Stadt, mit meinem Sohn. Ich hatte keinen blassen Schimmer, wie ich dort hinkomme, denn die Wegbeschreibung, die ich mir aus dem Internet ausgedruckt hatte, hat hinten und vorne nicht gestimmt. Ich merkte, wie ich bereits zunehmend innerlich unruhiger wurde. Auf einmal sagte die Stimme in meinem Kopf: „Biege da ab!" Und ich fragte: „Bist Du Dir da sicher?" Und sie erwiderte: „Vertraue mir bitte!" Und das tat ich. Und zufällig!? war es der richtige Weg. Eine Weile später sagte die Stimme: „Steige hier aus!" Und ich fragte sie abermals, ob sie sich sicher sei. Da keine Antwort mehr kam, stieg ich aus, meinen kleinen Sohn an der Hand. Und bereits wenige Minuten und Meter später standen wir genau vor gesuchtem Gebäude.

Wer wärst Du denn ... wenn andre Antworten kommen als erwartet?

Heute Nacht kommen wir in den Genuss eines Naturspektakels der ganz besonderen Art. Alle 32 Monate zeigt sich am Himmel ein sog. Schwarzer Mond. Ein Schwarzer Mond tritt immer dann auf, wenn zwei Neumonde innerhalb eines Monats vorkommen, wobei der zweite Mond meistens unsichtbar bleibt, weil dessen beleuchtete Seite von der Erde entfernt ist. Laut Internet bietet „Lilith", wie der Schwarze Mond in der Astrologie genannt wird uns eine ideale Gelegenheit, um Altes los zu lassen und sich innerlich völlig leer zu machen. Ich nehme meine Chance also wahr und meditiere, wie jeden Abend in der letzten Zeit, mit angewinkelten Beinen vor meiner braunen Buddha-Statue. Ich habe sowieso noch ein paar Fragen, die ich gerne vom Universum geklärt hätte. Wie ich meine für den nächsten Sommer geplante Reise in einen indischen Ashram beispielsweise bewerkstelligen solle. Seit meinem neuen Lieblingsfilm und Hörbuch „Eat – Pray – Love" mit Julia Roberts bin ich von dieser Idee wie besessen. Mit der Antwort, die ich erhalte, habe ich allerdings nicht gerechnet. „Fahr nicht, da willst Du doch gar nicht wirklich hin. Du willst doch viel lieber mit Deinen beiden Kindern ins Sauerland!" „Will ich das?" Wenn, dann war es mir aber auf jeden Fall nicht bewusst. Aber jetzt, wo Du es sagst, liebe innere Stimme.

Ich mag die beiden in der Tat gar nicht so lange missen und der Wunsch, wieder mit ihnen wegzufahren ist wahrhaftig stärker. „Höre außerdem damit auf, Dich hinter Deinen DVDs und Hörbüchern zu verstecken!" „Ich mich verstecken?" „Ja!" Also damit hätte ich nun auch nicht gerechnet. Alles leer macht die „Lilith" oder wie oder was? Das ist jetzt aber mal eine Ansage. Fernsehen schaue ich ja schon seit Langem nicht mehr. Lediglich mein Abendessen versüßte ich mir jeweils mit einer allabendlichen DVD-Folge von „Dawsons Creek". Aber auch hier war meine innere Stimme heute ganz eindeutig. Ich solle damit aufhören, weiter durch künstlich erschaffene Dramen von meinen eigenen abzulenken und mich stattdessen mir selber widmen. Auf meine Frage hin, ob ich nun auch damit aufhören solle, auf meiner allmorgendlichen Fahrt zur Arbeit mein „Eat – Pray – Love"-Hörbuch weiter abzuspielen, bekam ich auch eine ganz klare Ansage: „Das brauchst Du jetzt nicht mehr! Komme in die Stille! Komme zu Dir selbst!" Okay, vierzig Jahre lang habe ich es auf meine Weise versucht, jetzt versuche ich es immer noch auf meine Art und Weise, jedoch habe ich nun das Gefühl, dass dieses „mein" tiefer aus mir kommt. Wenn wir tatsächlich alle so etwas wie ein Ur-Wissen in uns haben, dann erscheint mir der Hinweis, still zu werden um dieses anzapfen zu können tatsächlich gar nicht unvernünftig.

Wer wärst Du denn … wenn Du vor lauter Lachen geheilt würdest?

Vor kurzem lernte ich über Facebook durch Zufall einen Menschen kennen, der gerade an einem Musical schreibt und in diesem Musical eine Katze nach mir benannt hat. Dieser Mensch schreibt jedoch nicht nur multiple Musicals, sondern er veranstaltet auch in regelmäßigen Abständen in diversen Yoga-Zentren in meiner näheren Umgebung sog. „Heiltön-Abende". „Beim Heiltönen richten sich die verschiedenen Frequenzen an unterschiedliche Ebenen und Aspekte von Geist, Seele, Wesen und Körper", so sein Wortlaut. Weiterhin würden diese in Schwingung gebracht und sich somit an ihre natürliche Harmonie erinnern. Einen Versuch ist es wert, denke ich mir. Außerdem hat dieser Typ immerhin eine Katze nach mir benannt. Schon allein deswegen bin ich es ihm doch irgendwie schon schuldig. Nichtsahnend murmele ich mich also in eine der uns zuvor ausgehändigten Decken ein und mache es mir auf meiner Yoga-Matte bequem. Und die Decke brauche ich auch dringendst, wie sich wenige Sekunden später bereits herausstellen sollte. Allerdings nicht etwa, weil mir kalt wäre. Nein, ich benötige die warme Wolldecke lediglich, um sie mir im Liegen bis fast zur Nase hochziehen zu können – um meinen Lachanfall zu unterdrücken, der sich von der ersten Sekunde des Tönens an seine Bahn zu brechen droht.

Nur mühsam kann ich diesen zwei Stunden lang qualvoll unterdrücken.

Wer noch den ca. dreißig Jahre alten Sketch mit Hape Kerkeling „Hurz" kennt, der bekommt so eine ungefähre Vorstellung vom Klang der dargebotenen Töne. Allerdings bin ich wohl die Einzige, die das Erlebnis auf diese Art und Weise empfindet. Vereinzelte Teilnehmer fangen sogar an zu weinen. Weinen würde ich währenddessen auch gerne, allerdings wohl aus anderen Gründen. Vor Beginn des eigentlichen Tönens müssen wir auf einen Zettel schreiben, welches Thema wir gerne für uns gelöst bzw. geheilt hätten. Da mein Thema immer noch die Eifersucht ist bzw. das Anhaften an andere Menschen, was ich niemals wieder in dieser Form erleben möchte, schreibe ich es kurzerhand auf das Blatt Papier zu meinen Füßen. Besonders während der Phasen, in denen ich direkt besungen werde mit Tönen, die ich selbst wenn ich wollte, niemals nachmachen könnte, fällt mir das Unterdrücken meiner eigenen Laute mehr als schwer. Dennoch, aus Respekt vor der Gruppe und auch vor dem Vortragenden, unterdrücke ich diese tapfer bis zum Schluss. Ich denke, geheilt hat mich dieser Abend tatsächlich, wenn auch in einem anderen Sinne als vielleicht eigentlich so vorgesehen aber ich werde wohl niemals wieder einen Eifersuchtsanfall erleben können, ohne danach lauthals los lachen zu müssen in Erinnerung an dieses gestrige Ereignis.

Wer wärst Du denn … wenn Du Dein Herz wieder weiten würdest?

Ich verbringe einen Abend mit meinen Freunden in meiner Stammdiskothek. Meine Stimmung ist nicht die beste. Wie ein melancholisches Mauerblümchen mache ich es mir auf einem Barhocker bequem und beobachte die tanzende Meute. Erinnerungen an vergangene Zeiten werden wieder in mir wach. Ich sehe sie praktisch bildlich vor mir, die Gespenster meiner Vergangenheit. „Was macht die Liebe?", reißt mich ein entfernter Bekannter unsanft aus meinen Träumereien. Ich gebe ihm die ehrlichste Antwort, die ich darauf zu geben weiß, nämlich dass ich weder wisse ob ich je wieder lieben könne noch ob ich je wieder lieben wolle. In schallendes Gelächter ausbrechend schubst mich mein Bekannter vom Barhocker, mitten auf die Tanzfläche, auf der ich dann mutterseelenallein und als Einzige zu Belinda Carlisle's „Heaven is a Place on Earth" tanze, mich dabei abgrundtief alt fühlend. Aus Mitleid wohl gesellt sich mein Bekannter dann doch dazu, ein Mann in seinen mittleren Jahren, der damit aber wohl weitaus weniger Probleme zu haben scheint als ich. „Irgendwann musst Du dann doch die Vergangenheit hinter Dir lassen und lernen, die Liebe wieder zu lieben!", sagt er. „Ich weiß, man hat Dir sehr weh getan. Lass aber nicht zu, dass Bitterkeit und Groll darüber Dein Herz nun dauerhaft verhärten!"

Kaum ausgesprochen, dreht er sich um und geht. Skeptischen Blickes und mulmigen Magens angesichts der Tatsache, dass ich nun wieder alleine inmitten einer riesigen Tanzfläche zu einem uralten Song tanze, drehe ich mich um und sehe – einen Mann! Wo kommt der denn auf einmal her? Stand der vorher auch schon da? Er hat eine Glatze und trägt eine Brille, entspricht also eigentlich alles andere als meinem Beuteschema. Dennoch merke ich, wie ich zielstrebig, ganz so als würde ich von irgend woher ferngesteuert, auf ihn zu marschiere. Manchmal frage ich mich, ob wir nicht doch bloß alle Marionetten eines gelangweilten alten Mannes sind, der irgendwo sitzt und uns je nach Laune durch die Gegend zappeln lässt. Anders kann ich mir mein Verhalten gerade nicht erklären. Aber ich spreche den Mann, der nun so überhaupt nicht in mein bisheriges Beuteschema passt, schnurstracks an, als würde jemand mir die Regie-Anweisung geben: „Jetzt!" Vor Schreck verschluckt er sich fast an seinem Sekt. Im Gespräch erfahre ich, dass sein Vater Syrer sei, was man ihm an seiner langen Nase auch irgendwie ansieht. Es stellt sich heraus, dass der Mann mit Glatze und Brille auf seiner langen Nase, dessen Vater Syrer ist, nicht nur ein sehr intelligenter sondern ein ebenso charmanter und witziger Vertreter seines Geschlechts ist. Wer wäre ich denn, wenn ich mein Herz nun wieder weiten würde?

Wer wärst Du denn ... wenn Du auf Dich zurückgeworfen würdest?

Ich treffe den Mann mit der Glatze und der Brille auf der langen Nase, dessen Vater Syrer ist, an einem kalten Mittwoch-Nachmittag in einem Café. Fast zwei Stunden lang führen wir eine wirklich nette Unterhaltung. Er erzählt mir Erlebnisse aus seinem fast 45 Jahre langen Leben, ich teile mit ihm Intimitäten aus dem meinigen. Kurz gesagt: Wir verstehen uns wirklich gut, wir beide. Als ich jedoch nach knapp zwei Stunden kurz die Toilette aufsuche und gerade wieder frohen Mutes und guter Stimmung zurück an unseren Tisch will, um die nette Unterhaltung mit dem Sohn des Syrer fortzuführen, springt dieser plötzlich auf wie von der Tarantel gestochen und erzählt mir von einem Kundentermin, den er am späten Abend noch habe. Der Sohn des Syrer arbeitet bei einem Herrenausstatter. Fast fluchtartig verlässt er das Lokal. Ich frage mich, ob mein Hintern vielleicht zu dick gewesen sei beim Gang auf die Toilette und der arme Kerl womöglich einen Schock angesichts der Größe des selbigen bekommen habe. Vielleicht hatte ich auch etwas zwischen meinen Zähnen hängen oder aber habe vielleicht auch mal wieder ganz fürchterlichen Quatsch erzählt. Wir werden es wohl niemals mehr erfahren, denn der gute Mann hat sich seitdem nicht wieder bei mir gemeldet. Ob es nun der nächste Panikkandidat gewesen wäre?

Ich weiß es nicht. Und so lasse ich dieses Ereignis einfach einmal für sich selber stehen. Ich weiß aber, ich werde mein Herz ein weiteres Mal weiten können, wenn es denn irgendwann tatsächlich auch mal wieder jemand will. Zurzeit bin ich zufrieden damit, dass ich es für MICH wieder weiten kann und offensichtlich auch andere wieder einen winzig kleinen Spalt weit hinein lassen kann. Okay, wenn der andere nun panikartig aus diesem winzig kleinen Spalt wieder hinaus rennt, das ist dann nun wirklich nicht mehr mein Problem und in diesem Falle vielleicht sogar mein Glück. Vielleicht sollte mir diese Situation aber auch einfach noch einmal verdeutlichen, dass dieses Mal eben nicht der leichte Ausweg gesucht werden soll. Dass dieses Mal eben nicht der weiße Prinz auf seinem Schimmel zu meiner Rettung geritten kommt. Dieses Mal MUSS ich mich selber retten. Und mich eben NICHT in die Arme des nächstbesten Prinzen aus „Eintausend und eine Nacht" werfen. Selbst dann nicht, wenn es sich um Lawrence aus Arabien höchst persönlich handeln sollte. „Ganz genau, weite Dein Herz erst einmal für DICH!", sagt mir meine innere Stimme während meiner Morgenmeditation. Vielleicht sollte ich wirklich nicht schon wieder anfangen zu rennen, bevor ich überhaupt erst humpeln kann. Manchmal weiß der alte Mann mit den Marionetten vielleicht doch mehr als ich.

Wer wärst Du denn … mit einer Mocca-Milka im Mondscheinlicht?

Drei Monate ist es nun her, dass mein letzter Freund mich verließ. Drei Tage ist es her, dass der Sohn des Syrer mich in einem Café sitzen ließ. Nennen wir ihn der Einfachheit halber ruhig weiter Lawrence aus Arabien. Oder müsste es von Arabien heißen? Egal. Nun sitze ich hier auf meiner Couch und sinniere im Mondscheinlicht über den Sinn des Lebens. Zwischen mir und dem Mann im Mond liegt lediglich eine Mocca-Milka. Dieses ist übrigens nicht als „Product-Placement" geplant sondern soll lediglich sagen, dass ich der zartesten Versuchung, seit es Schokolade gibt in dieser Vollmondnacht nicht widerstehen kann. „Ich will keine Schokolade, ich will lieber einen Mann", sang Trude Herr einst. Ich für meinen Teil nehme zurzeit lieber die Schokolade. Wenn ich ehrlich sein soll, geht es mir momentan eigentlich ganz gut, was mich irgendwie erschreckt. Eigentlich dürfte es das doch gar nicht, so als Single. Merkwürdigerweise fühle ich mich besser als jemals zuvor. Ich habe die Suche in Single-Börsen schon vor geraumer Zeit aufgegeben denn ich habe irgendwie nicht mehr das Gefühl, dass mir tatsächlich etwas fehlt. Ob es an meinen abendlichen Meditationen liegt oder aber daran, dass ich seit kurzem täglich Yoga mache, vermag ich nicht zu sagen. Aber ich behandele mich gut in der letzten Zeit.

Und ich habe festgestellt, dass ich tatsächlich gern mit mir allein bin. Mit mir alleine auf der Couch im Mondscheinlicht und einer Mocca-Milka, die ich im Gegensatz zu früheren Zeiten nicht klammheimlich und schuldbewusst in mich hinein schlinge, sondern ganz bewusst und mit allen Sinnen (von allen Sinnen könnte auch stimmen bei mir) genieße. Dazu Zeit. Ohne Verpflichtungen und die Hetze des Alltags. Zeit zu lesen. Zeit, ganz in meine Geschichten einzutauchen und zu entspannen. Entspannung wird ja groß geschrieben in der heutigen Zeit. Aber entspannt eigentlich irgendwer noch wirklich? Oder hetzen sie alle bloß hinterher, dem großen Glück? Eine Art, Glück überhaupt empfinden zu können, ist ja bekanntlich, dem kleinen Glück eine viel höhere Aufmerksamkeit zu schenken und jeden einzelnen Moment ganz bewusst wahrzunehmen. Vielleicht ist das, was unsere Gesellschaft für Glück hält ja tatsächlich bloß ein Trugschluss. Eine Fata Morgana, wobei wir ja schon wieder bei Lawrence aus Arabien wären. Auch er entpuppte sich letztendlich als Fata Morgana. Er war nicht der Schlüssel zu meinem Glück. „Das kann er ja auch gar nicht sein, denn dieser liegt ja in Dir selbst!" Entweder waren in der Schokolade irgendwelche halluzinogenen Pilze oder aber der Mann aus dem Mond hat mir gerade zugewunken. Zurück winkend zwinkere ich ihm zu. Ich kann das Flirten nicht lassen.

Wer wärst Du denn … wenn Du Dein Herz wieder geheilt hättest?

Eine tibetische Klangschale ist eine Schale, die wenn sie leicht angeschlagen wird, gar wundervolle Töne von sich gibt. Ihr Sound sowie die dabei entstehenden Schwingungen und Vibrationen sollen Körper und Geist wieder in Einklang bringen. Ihr wird eine enorme Heilwirkung zugeschrieben. Zwar geht es mir in der letzten Zeit seelisch deutlich besser. Sowohl Liebeskummer als auch etwaige Eifersuchtsanfälle (wozu auch ohne Freund?) scheine ich tatsächlich während der letzten Wochen und Monate überwunden zu haben. Jedoch verspüre ich nach wie vor, wie eigentlich seit ich mich erinnern kann, ein diffuses und nur sehr schwer greifbares Gefühl der Unruhe in mir. Ich könnte mir vorstellen, dass ich das wohl mit den meisten Menschen aus der heutigen Generation gemeinsam habe. Viele übertünchen es durch den dauerhaft laufenden Fernseher oder das Radio, ihr Handy oder das Internet. Ganz ausschalten lässt es sich jedoch nicht. Da kann man sein Radio noch so laut aufdrehen. Und hier kommen die tibetischen Klangschalen ins Spiel. Einen Versuch kann es nicht schaden, denke ich mir und lasse einfach mal so eine „Youtube-Meditation" mit dem Sound verschiedener Klangschalen ablaufen. Die mit der Klangschale erzeugten Töne wiederholen sich während des Videoclips in einer Endlosschleife.

In etwa so wie bei „Bernd das Brot" nachts auf KIKA (übrigens auch sehr zu empfehlen). Binnen Sekunden werde ich ruhiger. Das unablässige Gedankenkarussell verliert merklich an Tempo. Über Nacht bzw. zum leichteren Einschlafen angewendet, sorgen die Töne für einen ruhigen Schlafrhythmus und angenehme Träume. Ich vermag nicht zu beschreiben, wodurch sie heilen, nur dass sie es tun. Und zwar ganz anders als meine „Hurz-Heilerfahrung" vor wenigen Wochen, die mich eher durch einen ausgedehnten Lachflash erlöst hat. Ich will damit sagen, es ist nicht von Bedeutung, WAS uns heilt, nur DASS wir etwas finden, was es tut. Bei mir ist es eine Kombination aus Meditation, Yoga, bewusster Ernährung, ausreichenden Schlaf- und Ruheperioden sowie dem Wechsel mit Freunde treffen, fröhlichem ausgelassen sein und dem in Angriff nehmen neuer Dinge außerhalb meiner ursprünglichen Komfortzone. Natürlich befallen mich dann und wann auch noch gewisse Ängste und Unsicherheiten, aber nicht mehr in dem Maße wie vorher. Meine abendlichen Meditationen machen mich müde und lassen mich innerlich zur Ruhe kommen und nach dem Yoga verspüre ich jedes Mal ein Gefühl von Stärke, sowohl physischer als auch psychischer Natur. Den zauberhaften Sounds der Klangschalen zu lauschen, versüßt mir inzwischen meine Nächte. Ja, ich denke, mein Herz ist nun wieder heile.

Wer wärst Du denn … nach Deiner dämlich-dreistesten Dummheit?

Halloween. Geheilten Herzens gehe ich aus. In meine Stammdiskothek. Mit meinen Freunden. Doch diesen schenke ich an diesem Abend kaum Beachtung. Bereits nach wenigen Weißweinschorlen wird klar, heute wird zu tief ins Glas geschaut. Tief sollte auch mein Fall am Morgen danach sein doch bleiben wir zunächst bei besagtem Abend. Da ich nur selten Alkoholisches zu mir nehme, eigentlich nur wenn ich ausgehe und selbst dann nicht im Übermaß, zeigen bereits wenige Weißweinschorlen ihre Wirkung bei mir. Ich kann es regelrecht spüren. Wie ich nervös von einem Fuß auf den anderen wackele, dabei unruhigen Blickes die Diskothek durchforste nach potentiellen Opfern. Männlichen Opfern. Alkohol hat auf mich leider eine Auswirkung wie Dr. Jekylls unheilvoller Trank auf den selbigen. Frau Hyde lässt nicht lange auf sich warten. Ihr Opfer erst einmal im Visier, stürzt sie zielsicher auf dieses zu und schnappt sich den armen Kerl. Welcher vergeben ist. Was Frau Hyde in diesem Moment zwar noch nicht weiß, jedoch wird sie es wenige Augenblicke später durch eine andere Dame auf der Diskotheken-Toilette erfahren. Was sie allerdings nicht davon abhält, sich erbarmungslos weiter über ihr Opfer her zu machen. Welches ihr nur allzu willig ergeben ist. Ich schreibe einen Ratgeber für Frauen mit krankhafter Eifersucht.

Und dann falle ich ihnen gnadenlos in den Rücken, indem ich selber zur „anderen" Frau werde und ihnen den Mann vor der Nase wegschnappe? Es kommt wie es kommen muss, Frau Hyde gibt natürlich wieder mal nicht eher Ruhe, bis sie ihr Ziel erreicht hat, was in diesem Falle heißt: SEX. Sie soll ihn bekommen. Zuhause in unserem Bett! Wach neben dem fremden Kerl werde ICH. Wo war ICH denn die ganze Zeit über? Zu behaupten, ich würde mich an den vorangegangenen Abend nicht mehr erinnern, wäre eine dumm-dreiste Lüge. Denn ich erinnere mich sehr wohl. SO betrunken war ich nämlich nicht. Aber ich habe Frau Hyde nur zu gerne den Vortritt in dieser Angelegenheit überlassen. Und das habe ich nun davon: einen muffigen Mann neben mir, dessen Freundin mich später am gleichen Tag auch noch anschreiben und nach dem warum fragen sollte. Und ich habe keine Erklärung dafür. Jedenfalls keine, die es mir selber erlauben würde, weiterhin guten Gewissens in meinen Spiegel zu schauen. Und das nach all den Meditationen und dem Yoga. Was für eine Hypokritin ich doch bin! Halloween hin oder her: das darf sich in dieser Form niemals wiederholen. Ich dachte eigentlich, dieses Verhalten bereits lange abgelegt und in meiner Jugendzeit zurückgelassen zu haben. Offensichtlich doch nicht. Niemals wieder wird ein Tropfen dieses Teufelstrankes, den wir Alkohol nennen, über meine Lippen kommen.

Wer wärst Du denn … wenn Du mal wieder so richtig reine machst?

Die Putzwut packt mich. Wut im wahrsten Sinne des Wortes. Als würde ich das Geschehene wieder ungeschehen machen wollen, was selbstredend natürlich nicht geht. Jedoch wedele ich wie eine Wahnsinnige mit dem Wischer herum, in dem verzweifelten Versuch, die „imaginäre" Verschmutzung wieder fort zu wischen. Dabei räume ich alle Schränke gründlich auf und entsorge Überflüssiges. Darunter Fotos meiner Ex-Freunde, Kosmetikproben – die ich doch niemals benutzen werde, seit Monaten abgelaufene Gewürze und sonstige Nahrungsmittel, Papierkram und alles was mir sonst noch in die Finger fällt und keine plausiblen Gründe für seinen Verbleib in meinen vier Wänden vorbringen kann. Dieses natürlich nicht alles an einem Tag. Meine Putz- und Ordnungsaktion hat sich nun über wenige Wochen erstreckt. Jedoch hat sie mir letztendlich doch dazu verholfen, mich von Tag zu Tag besser zu fühlen und auch mit mir selber wieder mehr ins Reine zu kommen. Wir machen nun einmal Fehler in diesem Leben. Niemand von uns ist perfekt. Im Gegensatz zu früheren Zeiten hasse ich mich jedoch heute für meine Fehler nicht mehr sondern kann mir diese verzeihen. Hass brächte einen sowieso keinen einzigen Schritt weiter sondern ganz im Gegenteil, richtet sich gegen das eigene Selbst und somit auch wieder gegen andere.

Mein Reinigungsprozess hat mir jedoch Klarheit darüber verschafft, was ich für mich selber will. Was ich nicht (mehr) will und worauf ich zukünftig Wert legen werde. Nicht mehr will ich unbewusst werden und durch Alkohol die Kontrolle über mein Handeln verlieren und Dinge tun, die ich später bereuen werde. Das hatten wir ja bereits geklärt. Aber wie es überhaupt dazu kommen konnte, das haben wir noch nicht geklärt. Ich denke, das kleine Kind in mir erliegt immer noch der Illusion, sich über einen anderen Menschen Erfüllung und Erlösung ergattern zu können. Höchste Zeit also, sich der Kommunikation mit dem kleinen Kind in mir wieder verstärkt zu widmen. Was will es wirklich? Was will aus mir heraus, das sich, wenn ich es unterdrücke, unglaublich unheilvolle Wege bahnt um an die Oberfläche zu gelangen? Und wie kann ich es zähmen? Können wir vielleicht einen Kompromiss schließen? Unterdrücken funktioniert nicht, wie ich ja bereits mehrfach festgestellt habe. Weder kann es weg meditiert noch weg gebetet werden. Auch Yoga hilft hier nur bedingt weiter. Was also muss ich tun? „Mach' doch einfach mal nichts!" Wie meinen? Genau davor habe ich doch Schiss. Ich habe Schiss davor, wirklich zur Ruhe zu kommen. Schiss davor, was ich dann fühle und auch Schiss davor, was dann hochkommt. Dennoch fühle ich, durch manche Dinge muss man mitten hindurch um wieder hinaus zu kommen.

Wer wärst Du denn, wenn Du am Wochenende mal wirklich weinst?

Und ich weine. Und zwar unablässig. Telefonschnur herausgezogen. Sowohl der Computer als auch der Fernseher bleiben aus. Weder werden Freunde besucht noch Diskotheken aufgesucht. Ich bin mit mir und meinen Gedanken allein. Und zwar ganz allein. Und was da hochkommen will, das ist nicht von schlechten Eltern. Ständig würde ich es unterdrücken, sagt mir mein inneres Kind. Außerdem für alles, was uns widerfährt, den Schwarzen Peter zuschieben. Zum Meditieren und zum Yoga zwingen und niemals dürfe es ausgelassen sein oder sich ausleben. Immer werde es von mir zur Ordnung und Zurückhaltung angehalten. Es habe die Nase voll davon. Deswegen habe es diese Dummheit in der Diskothek begangen und deshalb habe es auch jegliche Dummheiten begangen, die es in unserem Leben schon begangen habe. Und die ihm auch unglaublich Leid täten aber es wisse sich eben nicht anders zu helfen. Dies sei seine einzige Möglichkeit, bei meinem „Kontrollverhalten" an etwas Spaß zu gelangen. Ich sei nämlich bereits seit langer Zeit eine komplette Spielverderberin. Wenn es malen wolle, würde ich es stets daran erinnern, dass wir nicht gut genug seien und es lieber bleiben lassen sollten. Wenn es singen wolle, würde ich lieber auf andere Leute hören, die uns sagen, unsere Stimme sei nicht schön.

Wenn es sich ausgelassen bewegen wolle, würde ich jedes Mal daraus ein ausgeprägtes Sportprogramm machen müssen, anstatt einfach unserer natürlichen Bewegungsfreude zu folgen. Wenn es Zeit mit meinen Kindern verbringen wolle, würden mir unablässig Pflichten im Haushalt einfallen, die uns davon abhalten, dieses zu tun. Ohne Unterlass müsse es irgendetwas leisten oder tun. Niemals sei ihm ein Moment der Ruhe oder Stille gegönnt, in dem es einfach nur sein dürfe. Geschweige denn spielen. Oder gar fühlen. Ständig werde es mit irgendetwas betäubt oder stimuliert, damit es sich selbst nicht mehr fühlen könne. Genau das wolle es aber, sich selber fühlen. Fühlen, dass es lebendig ist. Auch auf die Gefahr hin, dabei wieder verletzt zu werden. Auf meine Frage hin, was es denn genau wolle, antwortet mir mein inneres Kind: es wolle tanzen, lachen, springen, vor Freude in die Luft hüpfen, malen, schreiben, kreativ sein, mit anderen Zeit verbringen, ausgelassen sein dürfen, ohne Punkt und Komma drauf los quatschen dürfen, Eiscreme, Schokolade, mit meinen Kindern kuscheln, in den Tag hinein leben dürfen, auch mal frech sein und Wider-Worte geben dürfen, auch mal das LETZTE Wort haben dürfen, sich schmutzig machen und einfach mal nur Quatsch machen dürfen. Ohne, dass ich es dafür hinterher zur Rede stelle. Aber am allerliebsten von alledem und aus tiefstem Herzen wolle es SINGEN.

Wer wärst Du denn, wenn Du einfach mal wieder lauthals los singst?

So, singen will es also, mein inneres Kind. Ich kann jetzt nicht unbedingt behaupten, dass mir sein Wunsch so gänzlich unbekannt wäre. Schließlich singe ich von Zeit zu Zeit. Nehme Cover-Stücke bei einem Freund von mir auf, der ein Tonstudio in seinem Keller hat. Nichts Ernstes. Nur so zur Freude. Auch habe ich schon einmal in einer Band gesungen. In einer Hardrock-Band um genau zu sein. Allerdings ist das fast fünfundzwanzig Jahre her. Im zarten Alter von fünfzehn Jahren sang ich die Songs der damaligen Frauen-Rockband „Vixen" nach. Nannte mich „Sandy E" (Abkürzung meines damaligen Namens: Sandra Eggert). Wollte nach L. A. auswandern (nein, nicht nach Bochum-Langendreer, sondern tatsächlich in die Stadt der Engel). „Mit siebzehn hat man noch Träume", sang Peggy March einst. Ich war mit fünfzehn bereits voll davon. Beim Träumen sollte es allerdings auch bleiben, denn meine Schulnoten litten unter den nächtlichen Bandeskapaden erheblich und rutschten von zufriedenstellenden Dreien binnen eines Jahres auf besorgniserregende Fünfer und Sechsen. Dass ich damals sitzen blieb, blieb nicht aus. Ob irgendwann schlicht und ergreifend die Vernunft siegte oder aber meine Mutter irgendwann die Faxen dicke hatte und mich zum Lernen zwang, ich weiß es aus heutiger Sicht nicht mehr.

Fazit war jedenfalls, dass ich die Band, bestehend aus älteren arbeitslosen Hauptschülern verließ und mich wieder meiner Gymnasiastenkarriere zuwandte. Was meine Noten binnen kürzester Zeit wieder verbesserte, jedoch selbstredend auch den Spaß aus der ganzen Sache nahm und nicht ohne den ein oder anderen schmachtenden Seufzer einher ging. Jedenfalls war das Singen erst einmal vom Tisch. Und nun kommst Du mir damit wieder an? Kannst Du Dich etwa nicht mehr an den Ärger erinnern, den es uns damals eingebrockt hat? Doch, das könne mein inneres Kind sehr wohl. Jedoch könne es sich auch noch mindestens genauso gut an den Spaß erinnern, den die ganze Sache uns brachte. Ich gebe es auf. Bei einer Diskussion mit seinem inneren Kind kann man nicht gewinnen denn letztendlich weiß man tief innen drin, dass es sowieso Recht hat. Dem ist weder mit Logik noch mit Vernunft beizukommen. Also gut, es soll mir nicht behaupten, ich hätte es nicht versucht. Kurzentschlossen schreibe in einen alten Schulkameraden von mir auf Facebook an. Schulkamerad kann man eigentlich noch nicht einmal sagen, denn ich kannte ihn lediglich vom Sehen. Von seiner Facebook-Seite weiß ich aber, dass er Gitarre spielt. Spontan frage ich ihn, ob er nicht zufällig Interesse hätte, mit mir musikalisch einmal etwas in Angriff zu nehmen. Wie es der Teufel so will, hat er das tatsächlich.

Wer wärst Du denn wenn Dein Arbeitsvertrag nicht verlängert wird?

Auf jeden Fall erst einmal geschockt. Ein halbes Jahr ist es nun her, dass sich mein Freund von mir getrennt hat. Ich möchte behaupten, es inzwischen wirklich gut verarbeitet zu haben. Und nun das, noch dazu kurz vor Weihnachten. Manchmal kommt mir mein Leben wie eine Abwärtsspirale vor, in der ich abwechselnd meinen Job, meinen Partner oder gleich beides verliere. Und das am laufenden Band. Doch dieses Mal trifft mich der Jobverlust wirklich hart. Ich hatte mir auf gut Deutsch gesagt, wirklich den Arsch abgearbeitet für diese Stelle. Täglich unbezahlte Überstunden geleistet, bei Grippe und 39 Grad Fieber trotzdem gearbeitet, bei Krankheit der Kinder habe ich Überstunden genommen. Und dennoch hat man mich nicht übernommen. Ich war über die Zeitarbeit bei der Firma im Einsatz. Ich fühlte mich in diesem Team sehr gut aufgehoben und geborgen. Es war meine tägliche Zuflucht, insbesondere nach meiner schmerzhaften Trennung im Sommer. Menschlich kam ich mit den Leuten gut zurecht und auch die Arbeit machte mir Freude. Warum nun also dies? Wie so oft in meinem Leben eine Frage, auf die ich keine Antwort weiß. Aber vermutlich ist es auch nicht meine Aufgabe, diese zu wissen. Offensichtlich sind die Würfel jedoch neu gefallen und ich muss mit dem neuen Ergebnis weiterspielen.

Auch wenn ich diese zurzeit ernsthaft eigentlich nur noch gegen die Wand klatschen möchte. Wie oft werde ich eigentlich noch auf die Probe gestellt? Und wieder einmal weiß ich nicht, wie es weitergehen oder was das neue Jahr mir bringen wird. Nach Singen ist mir zwar erst einmal wenig zumute. Dennoch verabrede ich mich für Anfang des nächsten Jahres mit meinem ehemaligen Schulkameraden und einem mit ihm befreundeten Schlagzeuger zu einer ersten Probe. Manchmal ist man einfach nur noch froh, wenn von irgend woher ein Lichtschein kommt, sei dieser auch noch so schwach. Ich habe mir im letzten halben Jahr so vieles mühsam für mich selber erarbeitet, eigentlich dachte ich, so etwas wie Seelenfrieden erreicht zu haben. Und dann das. Ich gebe es offen zu, dieser Jobverlust zieht mir gerade völlig den Boden unter den Füßen weg. Aber aufgeben, nachdem ich so weit gekommen bin? Niemals. Das käme für mich unter keinen Umständen in Frage. Jetzt erst Recht! Wer so weit gekommen ist, der überwindet auch das! Auch wenn ich noch einhundert Mal in diesem Leben sowohl Partner als auch Job verliere. Wobei wir wieder bei der unliebsamen Feststellung wären, dass mir zurzeit beides fehlt. Dass ich sehr gut alleine zurechtkomme, das habe ich mir im letzten halben Jahr bewiesen. Jedoch führen mir diese Verluste wieder einmal vor Augen, dass man sich nie an etwas klammern darf.

Wer wärst Du … wenn Du merkst, dass andere auch nur meditieren?

Ich fahre zu einem Silvester-Stille-Retreat. Innerhalb eines halben Jahres habe ich wieder einmal sowohl meinen Freund als auch meinen Job verloren. Da kann das ja eigentlich nur das Richtige sein. Endlich einmal wieder so richtig zur Ruhe kommen. So der Plan. Das Seminar-Haus mit gleichzeitiger Unterkunft befindet sich in Leverkusen, direkt am Rhein. Diesen stapfen wir zweimal täglich auf und ab, einmal ganz früh morgens und einmal am späten Nachmittag, selbstredend in Stille, denn sprechen dürfen wir natürlich nicht. Kaffee und Zucker sind während des fünftägigen Aufenthaltes ebenfalls zwar nicht verboten, dennoch ungern gesehene Gäste. Der Seminar-Leiter betont, dass wir doch, wenn wir denn schon unbedingt Koffein oder Schokolade während der Meditationen zu uns nehmen müssten, dies doch bitte möglichst heimlich tun sollten (also ganz genauso wie sonst auch). Dementsprechend ist die Laune der meisten der zwölf Seminar-Teilnehmer die meiste Zeit über nicht unbedingt die beste. Zwar dürfen sie es natürlich nicht kund tun, abzulesen ist es jedoch an ihren Grummel-Mienen, die mir allmorgendlich entgegen blicken. Grimmig stapfen wir in unserer nachmittäglichen Geh-Meditation wieder einmal den Rhein entlang. Die Kulisse ist malerisch. Die Sonne lugt hinter den Bäumen hervor.

Sie spiegelt sich glitzernd auf der Wasseroberfläche. Ein traumhafter Ort. Es ist eisig kalt an diesem dreißigsten Dezembertag. Da dämmert es mir. Der dreißigste Dezember. Und wie es ausschaut, werde ich dazu verdammt sein, meinen Silvesterabend mit diesen schweigenden Grummel-Schnuten zu verbringen. Aus der Ferne sehe ich eine ältere Frau, die ihrer Enkelin zuruft: „Wo bleibt denn der Opa?" „Der Opa is' noch auf'm Klo!", erwidert diese munter. „Boah, isch könnt' den klatschen!", ruft die Oma da. In diesem Moment ist es mit meiner Fassung vorbei. War ich bis jetzt mühevoll mehr oder weniger erfolgreich damit beschäftigt, diese einigermaßen zu halten, so ist es nun völlig um mich geschehen. Ich breche in schallendes Gelächter aus. Die ältere Dame wirft mir einen irritierten Blick zu. Ich bedanke mich kurz bei ihr, entschuldige mich für mein Lachen und sage ihr, es vollkommen ernst meinend, dass sie der „normalste" Mensch sei, der mir heute begegnet ist. Dann drehe ich mich um, eile zurück zum Seminar-Haus und packe in Windeseile und wieder schweigend meine Koffer. Und dann bin ich raus aus dieser Nummer. Eine Stunde später sitze ich bereits in der S-Bahn, die mich wieder nach Hause bringen wird. Nach nur zwei Tagen Seminar, zwei Tage früher als geplant. Mehrere Leute schnattern ununterbrochen. Lange habe ich nicht so etwas Herrliches hören dürfen.

Wer wärst Du über Silvester mit Deiner Kleinen im Krankenhaus?

Ich bin kaum wieder zur Wohnungstür rein an diesem dreißigsten Dezember, da klingelt auch schon das Telefon. Mein Ex. Unserer Tochter ginge es gar nicht gut. Eine Warze am Fuß habe sich entzündet, der ganze Fuß sei angeschwollen, sie könne nicht mehr auftreten. Im Krankenhaus habe man sie abgewiesen. Weil ich die Krankenkassenkarten meiner Kinder bei mir trage. Irgendwie hatte ich geahnt, dass etwas nicht in Ordnung ist. Die ganze Zeit auf der Heimfahrt mit der S-Bahn beschlich mich bereits ein ungutes Gefühl, das ich jedoch nicht einordnen konnte. Die eineinhalbstündige Heimfahrt schien mir schier endlos. Das war es also. Binnen kürzester Zeit befinden wir uns in nächstgelegener Kinderklinik. Wir, das sind mein Ex-Mann, meine beiden Kinder und ich. Der Dienst habende Oberarzt wirft nur einen kurzen schockierten Blick auf den Fuß meiner Fünfjährigen und überweist uns direkt an die Chirurgie. Meine Tochter erhält noch am selben Abend eine Notoperation. Die Infektion wandere bereits das Bein hoch. Man könne nicht absehen, wie weit sie inzwischen fortgeschritten sei. SCHOCKMOMENT. Um das Ganze nun etwas abzukürzen, alles ist glücklicherweise gut ausgegangen. Man hat den Eiter samt entzündeter Warze restlos entfernen können. Aber es war ein sehr tiefer Schnitt.

Wir werden beide übers Wochenende zur Sicherheit stationär aufgenommen. „Silvester also im Krankenhaus", seufze ich. Dann soll es so sein. Dankbar halte ich nun die Hand meiner tief schlafenden Schönheit, während ich die hinter dem Krankenzimmerfenster in die Luft fliegenden Knaller beobachte. Alles ist gut, wir sind in Sicherheit, denke ich. Ich schiebe den Gedanken beiseite, was passiert wäre, wenn ich nicht nach Hause gekommen wäre. Wenn ich das Stille-Retreat nicht vorzeitig beendet hätte. Aber solche Gedanken sind müßig und überflüssig. Ich bin der festen Überzeugung, dass wir alle, also jeder von uns mit einem hervorragend funktionierenden sechsten Sinn ausgestattet sind. Nur werden die meisten von uns leider niemals leise genug, um diesen auch zu hören. Ich denke, dort in der Stille am Rhein in Leverkusen ist es leise genug für mich geworden, um diesen hören zu können. Anders kann ich mir meine Vorahnung nicht erklären. Allerdings muss man auch nicht alles bis ins kleinste Detail erklären können. Alles ist gut geworden und das nehme ich nun erst einmal dankbar so hin. Das Jahr hat insgesamt für mich doch zu einem guten Abschluss gefunden. In jedem Falle innerlich. Und dies wird mir die Kraft dazu geben, auch die äußeren Ereignisse zukünftig gelassener anzugehen. Heute bin ich einfach nur dankbar für dieses innige Silvester mit meiner Kleinen. Dankbar für meine 2 Kinder.

Wer wärst Du denn … wenn Du einfach mal wieder etwas wagst?

Ich wage es. Ich verabrede mich zu einer ersten gemeinsamen Musikprobe mit meinem damaligen Schulkameraden, dem Gitarristen und seinem Freund, dem Schlagzeuger der Rockband (nicht festen Freund, beide sind bereits seit Jahren glückliche Familienväter, was eigentlich jammerschade ist, denn so wirklich unattraktiv sind sie nicht). Da ich fest dazu entschlossen bin, in diesem Buch Null Komma Null Namen zu nennen, nennen wir die beiden der Einfachheit halber mal Yngwie und Malmsteen. Yngwie den Gitarristen selbstredend und Malmsteen den Trommler. Der Proberaum befindet sich glücklicherweise direkt in meiner Geburts- und nun seit bereits mehreren Jahren auch wieder Heimatstadt Gelsenkirchen. Meine Lieblingsfarben sind dennoch weder blau noch weiß sondern so vielfältig und bunt wie das Leben selbst. Fest entschlossen, mir dieses wieder in den prächtigsten Farben auszumalen und vor neuen Möglichkeiten, die sich mir in diesem Jahr erschließen nicht zu kneifen sondern diese mutigen Schrittes in Angriff zu nehmen, stehe ich nun vor Yngwie und Malmsteen und gebe meine möglichste Gesangskunst zum Ausdruck. Diese befindet sich irgendwo zwischen Britney Spears und Helene Fischer, ich bin also eigentlich sehr weit davon entfernt eine echte Rockröhre zu sein, eher Schlagersängerin.

Dummerweise gehört meine Leidenschaft jedoch der Rockmusik und deswegen bin ich in diesem Falle durchaus bereit zu leiden und mich der potentiellen Verspottung durch meine Mitbürger auszusetzen. Spott bleibt jedoch an diesem Tage zum Glück für mich aus. Im Gegenteil, Yngwie und Malmsteen scheinen irgendetwas zwischen belustigt und begeistert zu sein. Jedenfalls wollen sie es tatsächlich mit mir als Sängerin versuchen. „That's when Rock and Roll Dreams come true", würde Meatloaf jetzt vermutlich singen. Sollte sich mein Traum aus Teenager-Tagen also nun tatsächlich noch erfüllen? Was also mit fünfzehn noch nicht so wirklich währte, wird nach all den Jahren wirklich gut? Kann ich noch nicht sagen. Nur eines: Ich habe da dermaßen Bock drauf, mit den beiden Gas zu geben, denn diese müssen sich musikalisch wahrhaft nicht verstecken, das kann selbst ich als absoluter Laie auf diesem Gebiet bereits beurteilen. Ich bin also nun tatsächlich in meinen mittleren Jahren Sängerin einer Rockband. Und das Beste: ICH darf meine eigenen Songtexte schreiben (unter der Voraussetzung, dass weder Feen, Elfen, noch Drachen darin vorkommen). Ich kann also gleich zwei Leidenschaften in dieser Sache frönen, dem Singen und meiner anderen großen Sucht (zum Leidwesen vieler Menschen), dem Schreiben. Könnte dieses neue Jahr etwa noch besser beginnen? Dies wird mein Jahr!

Wer wärst Du denn … wenn Du Dich wieder in alte Gewässer wagst?

Ich bewerbe mich um eine Stelle als Sekretärin. Sehr große Chancen errechne ich mir nicht denn die Bewerbung geht im Prinzip an meinen alten Arbeitgeber. Also an die Klinik, die mich vor gut einem Jahr aufgrund des Wirbels um mein erstes veröffentlichtes Buch entließ. Jedoch geht sie nur im Prinzip an diesen denn die Stelle, an die ich die Bewerbung schickte, ist eine hundertprozentige Tochter des Klinikums mit getrennter Verwaltung. Tatsächlich werde ich bereits nach einem Tag zum Vorstellungsgespräch eingeladen. Im Gespräch mir gegenüber sitzt meine beste Freundin aus Sandkastentagen. Verändert hat sie sich in den dreißig Jahren, in denen wir uns nicht mehr gesehen haben, nur unmerklich. Auch sie erkennt mich auf Anhieb. Das Gespräch verläuft gut. Im Anschluss stellt sie mir die Abteilungssekretärin vor, mit der ich zusammenarbeiten werde. Zwei Tage später habe ich den Arbeitsvertrag im Briefkasten. Dieses ist kein Märchen aus „Tausend und eine Nacht" sondern hat sich tatsächlich so zugetragen. Ich kann mein Glück noch gar nicht fassen. Sollte ich tatsächlich noch einmal eine zweite Chance bekommen? In gut zwei Wochen werde ich also im Sekretariat einer Strahlenklinik arbeiten, die in erster Linie Krebs-Kleinkinder behandelt. Und das alles unter der Leitung meiner ehemals besten Freundin.

Die bereits im Kindergartenalter einen ausgeprägten Gerechtigkeitssinn intus hatte und sich stets schützend vor Schwächere stellte. Ich denke, in dieser Situation hat sie sich schützend vor mich gestellt denn anders kann ich mir meine erneute Einstellung ins Klinikum nicht erklären. Eines weiß ich allerdings: enttäuschen werde ich sie nicht. Dieses Mal werde ich es nicht vergeigen. Ich denke nicht, dass man im Leben unbegrenzt viele Chancen erhält und bin dankbar, dass mein Vorrat an selbigen anscheinend noch nicht ganz aufgebraucht war. Meine ehemals beste Freundin, nennen wir sie der Einfachheit halber einfach mal Fiona, muss tatsächlich großes Vertrauen in mich haben, sonst hätte sie sich nicht derart für mich eingesetzt. Schon merkwürdig, wie der Spruch, dass man sich im Leben immer zweimal begegnet, auf einmal gleich zweifach an Wahrheit gewinnt. Wiederbegegnung mit meiner Sandkastenfreundin und meinem ehemaligen Arbeitgeber, wenn auch an komplett anderer interner Stelle. Ironischer Weise wollte ich mich auf diese Stelle eigentlich erst gar nicht bewerben, da ich mir tatsächlich Null Chancen errechnete. Manchmal muss man wirklich Dinge wagen und versuchen, selbst wenn der Glaube an sich selbst noch etwas hinterherhinkt. Streckenweise gelingen einem diese Dinge nämlich dennoch und man bekommt eine zweite Chance bzw. den Fuß (wieder) in die eigentlich zu geglaubte Tür.

Wer wärst Du denn wenn Du Deine Wampe wirklich lieben würdest?

Wochenende. Ich wache auf mit einer Wampe. In letzter Zeit war es wohl etwas zu viel des guten Weihnachtsgebäck. Aber Weihnachten ist vorbei. Da kann auch der Blick aus dem Fenster auf eine immer noch von Schnee bedeckte Winterlandschaft nicht drüber hinweg trösten. Der Blick auf die Waage wird gewagt. Habe wieder zugenommen. Und das trotz des täglichen Hula Hoop- und Yoga-Trainings. Machen wir uns nichts vor, ich werde älter. Die Wechseljahre bahnen sich bereits ihren Weg. „Was wäre daran so schlimm?" Was daran so schlimm wäre? Eine wirklich wahre Antwort fällt mir darauf nicht (mehr) ein. Denn eigentlich steht er mir bis oben hin, der tägliche Kampf ums Wunschgewicht, welches ich in diesem Leben doch nicht mehr erreichen werde. Wie oft hat mir der tägliche Blick auf die Waage schon den gesamten weiteren Tag versaut, mich von mir persönlich wirklich wichtigen Vorhaben oder Freizeitaktivitäten abgehalten weil ich mich nicht als schlank oder schön genug erachtet habe. Ich habe da dermaßen die Nase voll von. Am heutigen Abend steht eine Rockparty in meiner Stammdiskothek mit meinen Freunden an und ich denke, ganz ehrlich, die habe ich mir mehr als verdient. Ich weigere mich, mir weiterhin meinen Lebensweg von meiner Waage diktieren zu lassen. Wie alt muss ich denn noch werden?

Bevor ich meine „Wampe" endlich lieben darf? Ich beschließe, mir meine „Sünden" der letzten Zeit konsequent zu verzeihen. Zu verzeihen gibt es da eigentlich gar nichts, denn wir sprechen hier nicht von „Binge Eating" (diese Essstörung habe ich, dem Universum sei gedankt, bereits seit Jahren überwunden), sondern von bewusstem Genuss der ein oder anderen Tafel Schokolade und Kräfte spendendem Kakao zwischendurch an wirklich kalten Winterabenden. Mensch Kassandra, Du bist auch bloß ein Mensch! Während ich dieses schreibe, wird mir jedoch bewusst, dass mein Gewicht wahrscheinlich nur der von außen her greifbare Gegenstand ist, den es zu verzeihen gilt. Hier schlummern noch andere Dinge im Verborgenen. Ich beschließe, Nägel mit Köpfen zu machen und mir konsequent alles zu verzeihen. Heute, an diesem kalten Februartag, verpflichte ich, Kassandra Klomberg, im Vollbesitz meiner geistigen Kräfte, mich dazu, mir alles zu verzeihen, was mich bislang nicht zur Ruhe kommen ließ. Mein vermeintliches Übergewicht. Dass ich meine Kinder manchmal anschreie. Dass ich geschieden bin. Dass ich meine Ex-Freunde mit meiner Eifersucht in die Flucht geschlagen habe. Dass ich mich von Männern angezogen fühle, die vom Alter her fast mein Sohn sein könnten. Dass ich meine Jobs verloren habe und dass ich mal ein Buch geschrieben habe, das einige Leute vor den Kopf gestoßen hat.

Wer wärst Du wenn Du Deiner Depression einfach mal Danke sagst?

Warum sie mich aus heiterem Himmel wieder einmal überfällt, weiß ich leider nicht. Eigentlich habe ich keinen plausiblen Grund für ihren erneuten Besuch. Ich vermisse keinen Mann mehr in meinem Leben. Ich fange nächsten Monat eine Stelle an, die ich mir mehr als gewünscht habe. Ich komme doch gut zurecht jetzt mit mir selbst. Ich mache doch so viel. Jeden Abend eine ganze Stunde und inzwischen sogar jeden Morgen eine kurze Yoga-Übung (nach dem Hula Hoop-Training), abends noch verbunden mit einer Meditation. Dreimal wöchentlich Sauna vormittags (okay, das fällt ja bald auf ganz natürliche Art und Weise wieder weg Dank des neuen Jobs). „Vielleicht machst Du ja zu viel!?" Zu viel? Ein interessanter Gedankengang. Kann man sich denn eigentlich auch zu viel des Guten tun? Ich meine, es ist doch schließlich bewiesen, dass Yoga gesund ist und auch die positive Wirkung von Meditationen auf das Immunsystem (ich war im letzten halben Jahr nicht ein einziges Mal mehr erkältet) und das allgemeine Befinden ist inzwischen wissenschaftlich bewiesen. Wie also kann es mir trotzdem wieder schlecht gehen auf der mentalen Ebene? So schlecht sogar, dass ich mich am gestrigen Abend bei aller Liebe und beim besten Willen nicht zur Rockparty mit meinen Freunden aufraffen konnte. Ich tue doch ALLES.

Damit es mir gut geht. „Eben, man kann alles auch übertreiben! Du tust einfach ZU VIEL! Lass doch einfach mal Fünf gerade sein. Relaxe doch einfach mal, entspanne Dich!" Oh, diese Stimme, diese penetrante und rechthaberische Stimme, die im Endeffekt leider tatsächlich immer alles besser weiß als ich. Die hat auch auf alles eine Antwort. Ich dachte eigentlich, Yoga und Meditationen und auch Sauna seien Entspannung. Wie bitteschön, kann man denn NOCH MEHR entspannen? „Indem man einfach mal locker lässt!" Okay, locker habe ich gestern tatsächlich mal gelassen. War weder in der Sauna, noch habe ich meditiert und der bloße Blick auf meine Yoga-Matte erschien mir geradezu lächerlich. Dafür habe ich mir eine Jumbo-Pizza bei meinem Lieblingsitaliener um die Ecke bestellt. „BRAVISSIMO!" Meinst Du das etwa ernst? „Todernst!" Ganz tief im inneren weiß ich allerdings, dass meine innere Stimme auch hier wieder Recht hat. Das Leben ist kein Wettbewerb. Und ich muss auch weder Preise fürs längste Meditieren am Stück gewinnen noch „Germany's next Yoga-Queen" werden. Ich darf auch einfach mal nichts von alledem machen müssen. Eine weitere Frage taucht in meinem Kopf auf. Jetzt, wo wir die Job-Frage wieder geklärt hätten. Bin ich mir wirklich und zu einhundert Prozent sicher, dass ich keinen Mann mehr in meinem Leben will? Und wir sprechen hier nicht mehr von brauchen.

Wer wärst Du denn … wenn Du Deine eigene beste Freundin wirst?

Enge Freundschaften sind so eine Sache. Genau wie feste Partnerschaften haben sie leider die Angewohnheit, irgendwann still und leise klammheimlich im Sande zu verlaufen. Woran eigentlich keiner der Beteiligten so wirklich Schuld hat, denn dies ist nun einmal der Lauf der Dinge. Spätestens nach Vollendung der Schulzeit verlaufen sich die Wege der wohl meisten ehemaligen Busenfreundinnen in alle möglichen Richtungen. Man studiert oder schlägt einen völlig anderen Berufsweg ein, heiratet, bekommt Kinder, lernt neue Leute kennen oder zieht auch einfach nur so weg. So vielfältig die Gründe auch sein mögen, das Ergebnis bleibt das Gleiche: Aus meiner Erfahrung halten die meisten Freundschaften heute auf Dauer einfach nicht (mehr). Wohl mit ein Grund, warum ich mich mit neuen sozialen Kontakten eher schwer tue. Nach außen hin mag das den meisten Menschen auf Anhieb kaum auffallen, denn ich finde rasch Anschluss und integriere mich auch ohne Probleme in ein neues Umfeld. Jedoch – wenn es in die Tiefe geht – da möchte ich mich mal ganz vorsichtig als unfähig bezeichnen, eine wirklich verlässliche Bindung einzugehen. Gebranntes Kind scheut das Feuer. Zu tief sitzen einstige Verluste. Vermutlich auch daher die Depressionen. Höchste Zeit, mir meine eigene beste Freundin zu werden.

Wenn ich schon wie ein Eremit lebe, dann kann ich wenigstens ein glücklicher und zufriedener Eremit werden. Von außen wird niemand kommen und mir all meine Wünsche und inneren Bedürfnisse erfüllen, das habe ich inzwischen begriffen. Was also sind diese Wünsche? „Kauf' Dir doch als erstes mal eine CD von Kelly Clarkson!" Wieso denn gerade Kelly Clarkson? „Beyoncé ginge auch, am besten gleich beide!" Mein Leben lang habe ich eigentlich immer bloß Heavy Metal und Hardrock gehört, vorrangig wohl, weil mein großer Bruder diese beiden Genres bevorzugt und ich ihm imponieren wollte. „Pop ist Schrott!", pflegte er stets zu sagen. Außerdem hörten meine Eltern deutschen Schlager und Pop und von diesen wollte ich mich doch schließlich aufs Schärfste distanzieren. Aber mag ich diese Musik eigentlich wirklich nicht? Mit knapp vierzig Jahren beginne ich daran zu zweifeln. Wie viel, was wir zu sein glauben, was wir denken am liebsten zu mögen und was wir meinen, dass es uns ausmache, ist eigentlich echt und wie viel bloß Konditionierung? Ich denke, dass mir meine Depressionen einen zarten Wink mit dem Zaunpfahl verpassen wollten, mal tiefer zu schauen und mich zu fragen, was ich eigentlich wirklich will anstatt weiterhin den alten Glaubenssätzen zu folgen. „Beyoncé wäre wohl ein guter Anfang!", würde meine „beste Freundin" jetzt wohl zu mir sagen. Beyoncé sei es!

Wer wärst Du denn, wenn Du das Alleinsein lieben lernen würdest?

Yngwie und Malmsteen sagen die für den heutigen Abend angesetzte Probe kurzfristig ab. Beide haben sich eine fiese Erkältung zugezogen. Ein weiteres Wochenende allein steht mir bevor. Bevor mehr oder weniger latente Angstgefühle auch nur den Hauch einer Chance entwickeln, sich Bahn brechen zu können, entwickle ich eine Gegenstrategie. Dieses Wochenende wird anders verlaufen. Dieses Wochenende werde ich nicht, wie an so vielen zuvor, mich Freitag abends gelangweilt in irgendeiner Online-Single-Börse im Internet anmelden, nur um mich dann Sonntag abends nur noch gelangweilter und genervter als zuvor, mich völlig frustriert wieder abzumelden. Dieses Wochenende werde ich auch nicht aus Gewohnheit heraus zum Telefonhörer greifen und irgendwelche Leute wahllos voll quatschen, nur weil ich ansonsten gerade nichts Besseres mit mir anzufangen weiß. Höchste Zeit zu lernen, mit sich selbst etwas anzufangen zu wissen. Auch ohne Partner, auch ohne die Kinder als Ablenkung vor Ort, auch ohne Verabredung mit Freunden oder sonstige auf dem Plan stehende Veranstaltung. Das muss doch zu schaffen sein. Ich denke, der einzige Stolperstein bei diesem Plan ist meine eigene innere Kritikerin, die sich mehr oder weniger bei jeglicher Freude bereitender Aktivität meldet.

Lege ich meine neue CD von Beyoncé ein, bellt sie direkt los: „Hör' nicht so einen Scheiß!" Aber wer sagt eigentlich, dass das „Scheiß" ist bzw. wer HAT es mir gesagt und warum glaube ich das immer noch? Ich weiß es ehrlich gesagt, selber nicht mehr. Aber der Glaubenssatz sitzt tief. Schmökere ich in meinem ebenfalls neuen „Curvy Yoga"-Buch, wettert sie los: „Denkst Du denn wirklich, dass Yoga auch für Dicke ist? Mach' Dich doch nicht lächerlich!" Schaue ich mir meine Lieblingsserie „Dawsons Creek" an, spottet sie: „Wie armselig, sich immer noch die Serien aus Teenager-Zeiten anzusehen! Bist Du dafür denn nicht inzwischen etwas zu alt!?" Bleibt die Frage: Was darf ich denn Deiner Ansicht nach überhaupt machen, liebste innere Kritikerin? Stille. Wer so einen lästigen kleinen Störenfried intus hat, der braucht sich nicht darüber zu wundern, dass Alleinsein tatsächlich Angst bereiten kann. Diesen kleinen Kobold zum Schweigen zu bringen, kann manchmal eine Herausforderung sein. Aber eine Herausforderung, die sich lohnt. Schweigt er nämlich erst einmal still, kann erfahren werden, WIE genussvoll das zuvor so gefürchtete Alleinsein erlebt werden kann. Sich die Lieblingsserie, das Lieblingsbuch oder das bewusste Anhören der Lieblingsmusik dann auch trotz aller „Unkenrufe" selber zu gönnen, kann eine alles zuvor geglaubte umkrempelnde neue Erfahrung sein.

Wer wärst Du denn … wenn Du wegen anderer wirklich weinst?

Und ich meine wirklich hemmungslos weinst, denn genau das tue ich während der ersten Tage meiner Arbeitsaufnahme in der Strahlenklinik. Zu achtzig Prozent behandeln wir nämlich Kleinkinder im gleichen Alter wie meine eigenen beiden. Kinder, die eigentlich mit ihren Müttern draußen auf dem Spielplatz sein sollten aber das sind sie nicht, denn sie sind bei uns und kämpfen um Ihr Leben. Sie müssen sich mit bösartigen Krebserkrankungen ihres Gehirns herumschlagen, dessen Namen sie mit Sicherheit noch nicht einmal buchstabieren können. Erkrankungen im Kindesalter wie z. B. Medulloblastome, Glioblastome oder Astrozytome sind alles Dinge, die es eigentlich nicht geben sollte. Leider gibt es sie wirklich. Wenn ich morgens hereinkomme, sehe ich sie: Kleinkinder, die nach den Strapazen der Chemotherapien bereits sämtliche Haare verloren haben, z. T. mit tiefen Schnitten bzw. Narben im hinteren Schädelbereich. Friedlich sitzen sie in unserer Spielecke und spielen mit ihren Puppen und Teddybären, derart in ihr Spiel vertieft, als würde es nichts anderes geben. Als würde diese böse bedrohliche Krankenhauswelt dort draußen mit ihren Spritzen, Injektionen, Blutabnahmen, Medikamentenverabreichungen, Bestrahlungen, und vermummten Menschen in grünen Krankenhauskitteln überhaupt nicht existieren.

Aber sie existiert. Eine Welt inmitten grauer Mauern und grüner Flure.

Wie Zweijährige begreifen sollen, dass wir ihnen bloß helfen wollen, ist mir zwar schleierhaft, aber genau das scheinen sie zu tun, denn die meisten von ihnen spielen wirklich ganz lieb und ruhig. Kein: „Mama, ich muss Pipi, habe Hunger, habe Durst, will da nicht wieder rein unter das komische Ding, mag keine Tabletten mehr schlucken müssen, will nicht wieder von der Nadel gestochen werden etc.!" Nein, sie erdulden ihr Schicksal mit einer fast beängstigend anmutenden Ruhe und Gelassenheit, ganz so als ob sie doch tatsächlich begreifen würden, WIE ernst sie in Wahrheit erkrankt sind und als wüssten sie bereits etwas von Themen wie Tod. Ganz anders als ihre Mütter, die daneben sitzen, ihre Kinder mit verweinten Augen und zerkauten Fingernägeln beobachten und dabei nervös mit den Füßen auf und ab wippen. Was in diesen Frauen vorgehen muss, kann ich noch nicht einmal im Ansatz erahnen. Und dennoch reicht ihr Anblick bereits um mich nächtelang in den Schlaf zu weinen. Meine eigenen Probleme, oder das was ich bislang dafür hielt, erscheinen mir mit einem Mal einfach nur noch lächerlich. Eifersucht? Probleme mit meiner Figur oder meinem Selbstwertgefühl? Was ist das? Wieso hat es mich je geschert, was andere über mich denken? Oder was sie über mich sagen. In Anbetracht der wesentlichen Dinge völlig nichtig.

Wer wärst Du denn, wenn Du diese Dinge nicht mit Dir ausmachst?

Seit einem Monat arbeite ich nun als Sekretärin in der Strahlenklinik. In diesem Monat sind bereits drei von unseren kleinen Patienten verstorben. Kinder sterben bei uns. Nicht alle überleben ihre Krebserkrankung. Ein Umstand, an den ich mich nur schwer gewöhnen kann. Laut Statistiken sind es in etwa 75 bis 80 Prozent, die überleben, abhängig vom Alter des Patienten und davon, wie früh der Hirntumor festgestellt wurde. Etwas ältere Kinder haben höhere Chancen als die ganz kleinen. Eigentlich sind 75 bis 80 Prozent ja kein schlechter Wert. Noch vor einhundert Jahren etwa hat kein einziges Kind eine derartige Erkrankung überlebt. Die Medizin ist heute schon sehr weit gekommen, man kann schon vieles machen. Aber das Unmögliche eben immer noch nicht. Es sind immer noch 20 bis 25 Prozent, die an ihrer Krebserkrankung sterben. „Es gab immer Kinder, die daran verstorben sind, es gibt sie und es wird sie immer geben. Unabhängig von dem, was wir hier für sie tun können. Wir werden niemals ALLE Kinder retten können!", erklärt mir die Betriebspsychologin, die ich inzwischen aufgesucht habe und die ich nun im zweiwöchentlichen Rhythmus zwecks Bewältigung dieses inneren Zwiespaltes wiedersehen werde. Bei dem Gespräch fällt mit einem Mal alle Anspannung von mir ab. Es fließen Tränen, und zwar viele Tränen.

Die letzten Wochen verbrachte ich unablässig damit, Medulloblastome im Kindesalter auf Google und Youtube zu suchen. Mir schien es fast wie ein Ersatz für das hinterher spionieren meiner Ex-Freunde im Internet. Ich denke, der Begriff „Ersatz" trifft es in diesem Falle ganz gut. Manchmal scheint es mir tatsächlich ganz so, als „wolle" ich mich selber quälen, egal mit was. Auch der Betriebspsychologin kann ich nicht lange etwas vormachen. „Dass es Ihnen so schlecht geht innerlich, das fing doch nicht erst hier mit den Kindern in unserer Klinik an, oder?", fragt sie mich skeptisch. Erwischt. Natürlich fing es das nicht. Aber diese Kinder hier zu sehen hat etwas bei mir ausgelöst. Es hat mich an etwas längst vergessen Geglaubtes erinnert. Die Tatsache, dass ich selber einmal ein Kind in der Schwangerschaft verloren habe und dass mein zweites Kind (eigentlich wenn man es genau betrachtet, in diesem Sinne also bereits drittes Kind) zehn Wochen zu früh geboren wurde. Zehn Wochen Intensiv-Medizin für meinen Sohn, der damals lange Zeit nicht selbständig atmen konnte, zweimalig eine Bluttransfusion benötigte und selbst als er endlich nach Hause entlassen wurde, noch für ca. ein halbes Jahr lang an einen Heimmonitor zur Überwachung angeschlossen war, der nachts ständig Alarm schlug, sowohl bei Fehlalarmen als auch bei richtigen. Diese Zeit ist wohl nicht spurlos an mir vorüber gegangen.

Wer wärst Du denn … wenn Du Dich nicht länger selbst bestrafst?

„Sie bestrafen sich für etwas!", offenbart mir die Betriebspsychologin.

„Ggf. geben Sie sich die Schuld dafür, dass Sie Ihr zweites Kind verloren haben und dass Ihr drittes Kind zu früh kam. Die Erfahrungen während dieser Zeit waren für Sie traumatisch und Sie haben sie lediglich verdrängt jedoch noch nicht wirklich verarbeitet! Sie tragen NICHT die Schuld daran, dass Sie ein Kind verloren haben und Sie tragen auch NICHT die Schuld daran, dass Ihr zweites Kind zu früh kam und Sie tragen auch NICHT die Schuld daran, wenn Kinder in unserer Klinik sterben!" „Natürlich nicht!", erwidere ich, „Das ist mir schon klar!" „Wirklich?", fragt sie mich tiefen Blickes in meine Augen. Und da war er wieder – der nicht enden wollende Tränenschwall, der aus mir heraus bricht ganz so als wäre das Weinen ab morgen verboten. Ich denke, diese Frau hat ein Wespennest bei mir gestochen. Jedenfalls scheint sie mich zu durchleuchten wie ein Röntgengerät, das Gedanken lesen kann. Sie erteilt mir eine strikte Anweisung. Die Anweisung, mich zu Hause in meiner Freizeit mit komplett anderen Themen zu befassen als mit Krebs oder sterbenden Kindern. Die Anweisung, Dinge für mich zu finden, die mir selber gut tun und die ganz klar darauf abzielen, dass es mir gut geht. „Sie haben nicht nur meine offizielle Erlaubnis dafür.

Sie haben sogar meine ganz klare Anweisung dazu!", sagt sie mir mit fester Stimme. Ich weiß nicht, wie sie es geschafft hat aber ich habe vor, mich tatsächlich ganz strikt an Ihre Aufforderung zur Selbstliebe zu halten. Wenn ich mich mit stundenlangem im Internet surfen von sterbenden Kindern oder noch vor gut einem dreiviertel Jahr von anderen Frauen für irgendetwas bestrafen will, ich weiß zwar nicht wirklich warum, denn wirklich bewusst halte ich mich nicht für schuldig am Tod meines zweiten Kindes oder zu früh auf die Welt gekommenen Sohnes (da wären noch andere Dinge) aber unbewusst offensichtlich schon. Es ist müßig, dieses in der Tiefe analysieren zu wollen. Ich mag mich selber nicht länger bestrafen wollen für Dinge, die außerhalb meiner Macht liegen. Und auch nicht für Dinge, die zwar einmal in meiner Macht lagen, die mir aber damals nicht wirklich bewusst waren und daher ebenso nie in meiner Macht lagen. Nicht ich mag. Ich WILL mich nicht länger bestrafen! Ich WILL, dass es mir gut geht. Ich WILL mich lieb haben. Ich will während meiner Arbeitszeit so gut wie möglich dafür sorgen, dass die Kinder, die zu uns kommen, einen guten Tag (v)erleben. Denn um nichts anderes geht es im Endeffekt: Es geht darum, dass wir EINEN guten Tag erleben. Wenn es unser letzter Tag sein sollte, umso besser, dass er gut war. Vielleicht wird morgen ja wieder ein guter Tag?

Wer wärst Du denn … wenn Du die Perspektive wechseln würdest?

Erneutes Gespräch bei der Betriebspsychologin. Da sie vermutlich noch häufiger in diesem Buch auftauchen wird, geben wir ihr einfach mal einen Namen. Nennen wir sie Angela. So heißt sie zwar nicht in Wirklichkeit aber so hätten ihre Eltern sie eigentlich nennen sollen, denn sie hat wahrhaftig etwas „Engelhaftes" an sich. Ich fiebere der Unterhaltung entgegen. Zwar geht es mir seit geraumer Zeit etwas besser, denn ich halte mich strikt an ihre Anweisung, nach der Arbeit auch wirklich konsequent abzuschalten und keine Gehirntumore mehr auf Google einzugeben. Jedoch ist gestern etwas passiert, das mich wieder ein wenig aus der Bahn geworfen hatte. Abermals ist ein ehemaliger Patient von uns verstorben. Ich kannte ihn eigentlich gar nicht, denn seine Behandlung musste bereits unterbrochen werden, noch bevor ich in der Strahlenklinik anfing, da er unterdessen eine Leukämie entwickelte (an welcher er letztendlich auch verstarb). Ich schrieb lediglich seinen Arztbrief vor ein paar Wochen, daher erinnere ich mich an den Namen. Den Unterlagen lag ein Foto mit bei. Ein niedlicher kleiner Junge von zwei Jahren, den es nun nicht mehr gibt. Meine Tränen bei der Erinnerung an dieses Foto fließen bereits noch bevor Angela ihr Arbeitszimmer betritt. Mühsam versuche ich, diese zu unterdrücken.

Mein Blick bleibt an einem Bücherregal haften, in dem sich nur wenige Bücher befinden, daher sticht mir eines sofort ins Auge, da Angelas Name auf dem Buchrücken geschrieben steht. Sie hat also auch ein Buch geschrieben. Auf dem Cover befindet sich ein kleines bildhübsches blond gelocktes Mädchen. Bereits beim Durchblättern der ersten Seiten wird klar, dass es sich dabei um ihre Tochter handelt. Ihre Tochter, die – offensichtlich auch an einem Gehirntumor verstarb und das erst vor wenigen Jahren. „Oh mein Gott, und dann arbeitet sie hier!", schießt es mir durch den Kopf. Eilig blättere ich weiter durch das Buch, gerade noch rechtzeitig, bevor Angela den Raum betritt. Gerade noch rechtzeitig um zu lesen, dass nicht nur ihre kleine Tochter an Kopfkrebs verstarb sondern kurz darauf auch ihr Sohn im Teenager-Alter an den Folgen eines Unfalls seinen schweren Verletzungen erlag. „Oh mein Gott, und dann arbeitet sie hier!" Hastig lege ich das Buch wieder an seinen Platz im Regal in der Hoffnung, dass sie später nicht bemerkt, dass ich es herausgenommen habe. Just in diesem Moment betritt Angela den Raum und schaut mich mit ihren großen braunen liebevollen Reh-Augen an. „Wie geht es Ihnen?", fragt sie mich. Ich weiß keine Antwort mehr auf diese Frage. Alles, was ich glaubte, bis dato auf dem Herzen gehabt zu haben, erscheint mir mit einem Mal nun einfach nur noch nichtig.

Wer wärst Du denn … wenn Du die eigene Geschichte zurückstellst?

Das Erlebnis in Angelas Büro scheint im wahrsten Sinne des Wortes einen Knoten bei mir zum Platzen gebracht zu haben. Oder auch einen imaginären Knoten, den ich bislang glaubte, auf meiner Brust tragen zu müssen. Sie hat mir verdeutlicht, dass ich dieses nicht muss. Und das noch nicht einmal mit Worten sondern anhand ihres eigenen Beispieles. Obwohl diese Frau selber ihre kleine Tochter an die heimtückische Krebserkrankung verloren hat und ihren Sohn an einen Unfall, hat sie dieses nicht mit einem Wort erwähnt, sondern sich komplett auf mich konzentriert. Sie hat ihre eigene, meines Erachtens um etliches schlimmere persönliche Erfahrungsgeschichte zu einhundert Prozent zurückgestellt und sich einzig und allein dem Ziel gewidmet, MIR zu helfen. Sie hat nicht gesagt: „Frau Klomberg, stellen Sie sich mal nicht so an, mir ist viel Schlimmeres als Ihnen passiert, jetzt hören Sie mal auf zu jammern!", wofür ich ganz ehrlich sogar Verständnis gehabt hätte. Aber das hat sie nicht. Und das beeindruckt mich gerade auf eine derart tiefe Art und Weise, die ich kaum in Worte zu verfassen vermag denn so etwas habe ich noch niemals bei einem Menschen erlebt. Diese Frau, die doch so großen eigenen Kummer erlebt hat, konzentriert sich mit ihrem ganzen Wesen darauf, den Schmerz der anderen Menschen zu lindern.

Obwohl sie hier tagtäglich mit ihrem eigenen Kummer aus vergangenen Tagen konfrontiert wird, blendet sie diesen dennoch aus und hilft den ANDEREN. Sowohl den Eltern als auch den kleinen Patienten und ja – auch mir hat sie geholfen. Denn mir ist klar geworden, wenn diese Frau das scheinbar Unmögliche schafft und nicht nur mit ihrem eigenen Verlust weiterlebt sondern auch noch oder gerade deswegen etlichen anderen Menschen auf diesem schweren Weg zur Seite steht, dann schaffe ich das auch denn ich mag mir nicht anmaßen, meine Geschichte auch nur im Entferntesten mit ihrer zu vergleichen. Es geht auch gar nicht wirklich darum, welche von unseren Geschichten denn nun am schlimmsten ist sondern einzig und allein um die Frage: „Entscheiden wir uns dafür, trotz dieser Geschichten Tag für Tag weiterzumachen und mutig nach vorne zu blicken? Oder aber entscheiden wir uns dafür, unsere eigene Geschichte tagtäglich wieder vor uns und anderen aufleben zu lassen? Wollen wir wirklich an ihr festhalten, auch wenn es uns eigentlich bloß schmerzt und am weiterleben hindert?" Also, ich entscheide mich heute ganz klar und eindeutig für: „Nein, will ich nicht!" Und dass das geht, das sehe ich am Beispiel dieser tapferen Frau. Es geht. Punkt. Ich will nicht länger in der Vergangenheit leben. Ich lebe heute. Ich lebe jetzt und ich tue genau das, was heute getan werden kann.

Wer wärst Du denn … wenn Dein Alfred bereits eine Freundin hat?

Also, zunächst einmal, ganz gelassen, denn was ich wirklich für Alfred empfinde, weiß ich noch nicht so ganz genau. Wer Alfred ist? Ach so, den habe ich irgendwann zwischendurch in meiner Stammdiskothek kennengelernt bzw. eigentlich kenne ich ihn bereits seit einigen Jahren. Zumindest vom Sehen her. Auch Worte haben wir ab und an einmal gewechselt, jedoch habe ich ihn mir aus verschiedenen Gründen wohl niemals genauer angeschaut. Zum einen zählt er seit kurzer Zeit schon fünfzig Lenze. Was ihn eigentlich ja nur um zehn Jahre älter macht als mich, jedoch hatte ich ihn immer um einige Jahre älter geschätzt. Ich dachte ehrlich gesagt, er sei schon um die Sechzig, was ihn mit meinen gefühlten zwanzig Jahren also um volle vierzig Jahre älter machen würde. Und mein reguläres Beuteschema lag ja schließlich immer eher bei Männern Mitte Zwanzig. Irgendwie sind wir mal wieder ins Gespräch gekommen, über einen gemeinsamen Bekannten. Und auf einmal, nach all diesen ihn mit Nichtbeachtung strafenden Jahren, ist mir Alfred aufgefallen (er heißt übrigens selbstredend nicht wirklich so denn echte Namen nenne ich ja nicht mehr). Genauer gesagt sind mir seine stahlblauen Augen aufgefallen und seine ruhige Art, in der er auf höflichste und respektvollste Weise mit mir spricht.

Im Gegensatz zu vielen seiner jüngeren Vorgänger. Von Vorgängern spreche ich deswegen weil ich bereits etwas mit Alfred angefangen habe. Was, das weiß ich zum jetzigen Zeitpunkt noch nicht, denn Alfred hat mir von Anfang an gestanden, dass er bereits eine Freundin habe, mit der er eine Art „Fernbeziehung" führe. Zuerst erteile ich ihm eine Abfuhr, will mich nicht darauf einlassen und dann tue ich es doch. Es erscheint mir in Anbetracht des Buches, das ich zurzeit schreibe eigentlich wie blanker Hohn. Ich weiß nur, dass dieser Mann irgendetwas an sich hat, was mich nicht mehr loslässt. Und das, obwohl er, wenn ich Absätze trage, auch noch fast einen halben Kopf kleiner ist als ich. Eigentlich alles Ausschlusskriterien. Listen wir mal auf: gefühlte Sechzig, halben Kopf kleiner und Fernbeziehungs-Freundin. Und doch treffe ich Alfred bereits seit wenigen Wochen. Und ich muss zugeben: Er tut mir einfach gut! Es fühlt sich einfach gut an, von einem Mann derart umworben zu werben. Vielleicht ist es auch genau der Mann, an dem ich für mich selber „üben" soll von meiner krankhaften Eifersucht los zu lassen. Ich glaube, das gelingt mir nur, weil ich in diesen Mann nicht unsterblich verliebt bin. Ich mag ihn einfach (und das ist mehr als ich von vielen Männern behaupten kann, in die ich hemmungslos verliebt war). Ich mag ihn wirklich, diesen kleinen alten und inzwischen bereits vergebenen Mann.

Wer wärst Du denn, wenn er dann wirklich mal weg ist, der Alfred?

Bzw. nicht wirklich im eigentlichen Sinne „weg" sondern eben unabkömmlich weil die entfernte Freundin dann tatsächlich einmal aufgetaucht ist und mit ihrem Partner Pfingsten verbringen will. Nun ja, ich weiß es nicht. Ich weiß nicht, was ich fühle. Oder aber fühlen sollte. Sollte ich nicht traurig sein? Sollte ich nicht ein schlechtes Gewissen haben? Sollte ich mich nicht einsam fühlen jetzt? All das fühle ich nicht. Und ich weiß nicht warum ich all diese Sachen zurzeit nicht fühle. War es nicht das, was ich immer wollte? Frei sein von dieser elenden Eifersucht? Oder fühle ich sie doch und verdränge sie bloß? Ich bin erleichtert, über Alfreds eigentliche Freundin wirklich nichts zu wissen. Das macht es mir einfacher, ihre Existenz zu verdrängen. Ob mir dies auf Dauer gelingen wird, steht in den Sternen. Momentan bin ich einfach nur erleichtert, weder Eifersucht, noch schlechtes Gewissen dieser Unbekannten gegenüber zu empfinden. Das mag viele, die dieses Buch tatsächlich bis zu dieser Seite gelesen haben sollten, womöglich sehr überraschen oder gar vor den Kopf stoßen. Das Einzige, was ich zum jetzigen Zeitpunkt sagen kann ist: Ich mag diesen Mann, er tut mir gut, ich verbringe gerne Zeit mit ihm und was eines der wichtigsten Sachen ist: Ich habe endlich damit aufgehört, an krebskranke Kinder zu denken.

Mein Leben ist nahezu von einer neuartigen Leichtigkeit erfüllt, die ich lange Zeit (oder gar noch niemals) kannte. Dennoch hilft mir meine Arbeit in der Strahlenklinik vielleicht auch dabei, die Dinge in Puncto Männer oder Eifersucht ins richtige Licht zu rücken. Was für eine Zeitverschwendung, seinen Geist mit solchen Sachen zu belasten, die fast schon Nichtigkeit für mich geworden sind in Anbetracht dessen, mit was manche Menschen kämpfen müssen. Verglichen mit dem, was die Kinder und ihre Eltern durchmachen, erscheinen mir alle meine Konflikte, die ich bis dato mit mir selber in mir trug, praktisch als Nichtigkeiten. Vielleicht gelingt es mir deshalb so gut, meine „Affäre" mit Alfred nun in einem ganz anderen Kontext zu sehen, als mir das noch vor einem Jahr gelungen wäre. Ich weiß nicht, wohin uns das Ganze führen wird. Und ob es uns überhaupt zu irgendetwas führen wird. Gefühle meinerseits sind ganz klar vorhanden. Aber irgendwie nicht mehr diese Gefühle von jemanden unbedingt und ganz und gar besitzen zu wollen. Könnten dies tatsächlich sogar aufrichtige Gefühle von Liebe sein? Auf eine gewisse Art und Weise „liebe" ich Alfred nämlich tatsächlich. Nur lässt diese Art von Liebe ihn frei. Könnte das etwa die wirkliche Liebe sein? Ich hätte nie gedacht, dass ich dies mal denke oder schreibe aber ich will einfach, dass es ihm gut geht und dass er frei ist. Ich stelle ihn nicht vor die Wahl.

Wer wärst Du denn, wenn Du wieder Dein Gleichgewicht verlierst?

Wegen eines Mannes. Und dabei hatte ich doch alles schon so gut im Griff. Job, Kinder, Haushalt, Meditation, Band, Yoga. Und jetzt türmen sich wieder die Wäscheberge in meiner Wohnung. Allein die Vorstellung, meine Yoga-Matte aus zu rollen erscheint mir wie blanke Verspottung. Von Konzentration ganz zu schweigen. Und auf der Arbeit schon mal erst recht nicht. Alfred. Er hat mich aus meiner Mitte geschubst. Mit Sicherheit nicht absichtlich. Ich habe mich vermutlich gerne schubsen lassen. Aber mit der Schuldfrage kommen wir hier nicht weiter sondern einzig und allein mit der Frage: „Wie komme ich in meine Mitte zurück?" Und das bitte auf dem schnellsten Wege und ohne Umwege. Fluchtartig war ich am gestrigen Abend aus seiner Wohnung gestürzt. Geplant war eigentlich, dass ich bis übermorgen bleibe, also insgesamt vier Tage. So viel Nähe bin ich nicht mehr gewohnt. Das macht Angst. Sogar mir. Warum wohnt auch seine richtige Freundin nicht bei ihm in der Nähe? Soll die doch gefälligst so lange bei ihm bleiben. Ich halte das nicht aus. Das ist zu viel. Mit jedem Mann. Warum gibt es kein Mittelmaß zwischen krankhafter Eifersucht und zu viel Zeit miteinander verbringen zu müssen? Warum bin ich so bekloppt? „Vielleicht bist Du das ja gar nicht!" Wie meinen? „Vielleicht willst Du das so ja doch nicht!

Vielleicht bist Du auch einfach nicht so verliebt, wie Du dachtest!"
Wenigstens bin ich in dieser Beziehung nicht eifersüchtig. „Na super!"
Du hast auch immer was zu meckern da oben, was!? „Du kennst mich
doch!" Offensichtlich. Komme mir manchmal vor wie dieser Priester, der
immer mit sich selbst bzw. Gott spricht, wie hieß er noch gleich?
„Fernandel!" Genau. Manchmal meine ich, Azrael sei niemals von mir
gegangen. „Vielleicht ist er das auch nicht." Jetzt habe ich den Faden
verloren. Der Punkt ist, ich bin nicht mehr in Balance. „Das hatten wir
mitbekommen." Toll, und verratet Ihr mir auch, wie ich wieder in
Balance zurück komme? „Wie immer musst Du da von selber drauf
kommen!" Klasse, sehr hilfreich. Hat sich nichts geändert. I AM LOST!
„Du bist nicht lost, jedenfalls nicht so sehr lost, wie Du denkst!" Warum
müsst Ihr da oben eigentlich immer in Rätseln oder schlauen Sprüchen
sprechen? „Weil wir schlau sind!" Das wird es sein. Ich sehe, so kommen
wir nicht weiter. „Da sind wir uns ja mal einig!" Und wie kommen wir
weiter? „Die Antwort liegt in der Luft!" Resignierend von meinem Sofa
nach oben schauend sehe ich, dass ich nichts sehe. Bzw. doch, der Titel
eines meiner New Age Esoterik-Bücher sticht mir förmlich ins Auge:
MEDITATION. Nun gut, Meditation hat mir einmal geholfen, mich
selbst zu finden. Vielleicht ist sie ja so nett und hilft mir auch dieses Mal.

Wer wärst Du denn, wenn Du Dich doch wieder verlieben würdest?

Und zwar in Alfred. So richtig bewusst geworden ist mir das Ganze während meiner Abendmeditationen in der vergangenen Woche, die nun wieder regelmäßig bei mir auf dem Programm stehen. Wenn man dann auf einmal nur noch ein Gesicht in der Kerze sieht, dann ist die Sache schon ziemlich eindeutig. Ziemlich erschreckend eigentlich. Was sagt dieser Guru in „Eat, Pray, Love" noch gleich zu Julia Roberts? „Sometimes losing Balance for Love is part of living a balanced Life" oder so ähnlich. Also gehört das sich verlieben wohl irgendwie doch dazu. Wir können ihm nicht entkommen. Jedenfalls wäre das nicht Sinn der Sache. Aber Alfred hat nach wie vor eine feste Freundin, meldet sich mein schlechtes Gewissen sogleich wieder zu Wort. Allerdings eine Fernbeziehungsfreundin, die er zurzeit weitaus seltener zu sehen scheint als mich. „Das macht es nicht besser!" Ja, weiß ich selber aber, wie Nena uns bereits vor ein paar Jahren aufgeklärt hat: Liebe ist. Sie kümmert sich nicht darum, ob schwarz oder weiß, jung oder alt, ob Mann oder Frau. Und sie kümmert sich erst recht nicht darum, ob das Objekt der Begierde bereits vergeben ist oder nicht. Da hilft auch kein stundenlanges Meditieren, Beten oder Yoga machen. Das Gefühl kommt trotzdem wieder durch. Oder vielleicht gerade dann. Ja, ich bin gekippt.

Und zwar ganz gewaltig. Ein Tag in der Natur mit anschließender Sauna, Yoga und Meditation hat geholfen, mich wieder in Balance zu bringen. Jedoch auch wieder in geistige Klarheit. Und mein Geist ist sich in dieser Sache ziemlich sicher: ich bin in diesen Mann eindeutig verliebt. Und das, obwohl er zehn Jahre älter ist und nochmal zehn Jahre älter aussieht, obwohl er wenn ich Absätze trage, einen halben Kopf kleiner ist als ich und obwohl er krumme Füße hat. Amor sind solche Sachen völlig egal. Er schießt einfach gelangweilt völlig blind und ziellos seine Pfeile durch die Gegend. Und manchmal trifft es eben mich. Ich weiß keine Lösung zurzeit. Seine Freundin lässt sich nicht wegdiskutieren. Und da sie bereits seit mehreren Jahren zusammen sind, vermute ich, dass er diese Frau auch auf irgendeine Art und Weise liebt. Und was noch viel schlimmer ist: sie ihn vermutlich auch. Und ich schreibe ein Buch über krankhafte Eifersucht, meine krankhafte Eifersucht, die sich irgendwie gewandelt zu haben scheint. In was, das weiß ich noch nicht so ganz genau. Vielleicht habe auch ich mich bloß gewandelt. Vielleicht durch dieses Buch und meine ständige Konfrontation mit dem Thema. Dass Eifersucht nichts mit wirklicher Liebe zu tun hat, das ist mir ja schon länger klar. Aber so ganz ohne Eifersucht? Liebt man denn dann überhaupt? Genau das ist es, was ich mich zurzeit frage. Denn genau das scheine ich zurzeit zu fühlen.

Wer wärst Du denn, wenn Du merkst, dass dieses Buch zu Ende ist?

Eigentlich hatte ich vor, noch ca. einhundert Seiten zu schreiben. Über meinen weiteren spirituellen und auch sonstigen Entwicklungsprozess. Aber ich merke, dieses Buch neigt sich seinem Ende zu und alles was ich Euch über die Thematik mit meiner Eifersucht erzählen konnte, habe ich Euch gesagt. Ich möchte behaupten, dass ich im Laufe des letzten Jahres einen enormen Entwicklungssprung diese Thematik betreffend gemacht habe. Noch vor knapp einem Jahr war ich ein Nervenbündel an Frau, völlig hoffnungs- und hilflos ihren eigenen Emotionen einem Mann gegenüber ausgeliefert, krankhaft darauf fixiert, einen Mann an sich zu binden. Es hängt mit dem Konzept zusammen, das die heutige Gesellschaft insgesamt vom Thema Beziehungen und Eifersucht hat. Das heutige Besitzdenken. Wenn ich jemanden liebe, dann gehört mir die betreffende Person, dann ist sie ganz mein und dann darf auch nur ich mich in ihrem Kopf befinden. Seien wir doch mal ehrlich: wie viele von uns denken so? Ich habe selbst so gedacht. Aber wie bereits mehrfach erwähnt und inzwischen auch für mich erkannt und verinnerlicht, mit wirklicher Liebe hat dies herzhaft wenig zu tun. Wirkliche Liebe, und da bin ich inzwischen von überzeugt, können wir einem anderen Menschen sowieso nur geben, wenn wir diese vorher uns selber gegeben haben.

Und zwar wenn wir uns vorher derart viel davon gegeben haben, dass diese Liebe regelrecht aus uns hinaus fließt. Aus uns überfließt. Wie aus einer Tasse, die man zu voll gegossen hat. „Aus einem leeren Behältnis kann nichts herausgenommen werden!" Diese Binsenweisheit hat sich zur Haupterkenntnis meines letzten Lebensjahres bewahrheitet. Wie sollte man auch etwas herausnehmen können, wenn nichts drin ist? Unsere Aufgabe, und ich bin der Meinung, Frauen müssen dieses heute mehr denn je lernen, ist es, uns selber zu füllen. Wie diese Füllung bei Euch aussieht, das kann ich Euch nicht sagen. Das ist bei jedem Menschen individuell. Ich fülle mich durch folgende Dinge: Sauna, Yoga, Meditationen, Bücher, Schreiben, Musik, Lieblingsserien, Spaziergänge, Natur, Singen, Tanzen, Mandalas malen etc. Ich könnte diese Liste endlos erweitern. Und erst wenn ich das alles mache, sprich dafür sorge, dass es mir selber gut geht, bin ich persönlich in der Lage, einem anderen Menschen irgendetwas zu geben, meine Liebe zu geben. Und diese Liebe kann ich dem betreffenden Menschen (oder auch jeglichen anderen Menschen im weiteren Sinne) dann unabhängig von der Tatsache geben, ob er „treu" ist oder nicht. Ich bin mir treu. Das ist entscheidend. Und ich bin ein überlaufendes Behältnis, das Liebe geben kann oder sogar muss, diese aber nicht mehr von den anderen Menschen einzufordern braucht.

Wer wärst Du denn wenn Du es wagst aus tiefstem Herzen zu lieben?

Und zwar ohne Sicherheitsnetz. Ohne zu wissen, ob diese Liebe auch erwidert wird. Sondern einzig und allein aufgrund der Tatsache, dass Du ein vor Liebe überlaufendes Fass bist, das so viel Liebe für sich selbst und andere hat, dass es gar nicht anders kann, als diese Liebe an die Welt weiterzugeben? Wenn es Dir gelingen würde, jeden Menschen, der Dir in Deinem Leben über den Weg gelaufen ist, als Deinen Lehrer anzusehen, der Dir eine wertvolle Lektion erteilt und Dich auf Deinen jetzigen Weg gebracht hat? Und zwar jeden einzelnen von ihnen. Ohne Reue. Aber in tiefer Dankbarkeit und Liebe auch diesen Menschen gegenüber. Denkst Du, dann könntest Du frei sein? Willst Du wirklich frei sein? Ich will es und ich habe festgestellt, dass es genau diese Verinnerlichung ist, die mich frei gemacht hat. Frei von gesellschaftlichen Konditionierungen, frei von unreflektiertem Kollektivdenken, frei von unverarbeiteten Emotionen und inneren Konflikten, frei von inneren und äußeren Dramen, in welche uns die Welt nur allzu gerne verwickeln möchte. Frei für persönliche Entwicklung und Reife, frei für eigenes selbständiges und unabhängiges Denken, frei für wirkliches Leben und Erleben, frei für wahre Liebe. Und diese Liebe lässt frei. Das wissen wir nicht erst seit Vera Birkenbihl oder Robert Betz. Dieses Ur-Wissen tragen wir in uns.

Und jeder, der sich nur ein einziges Mal auf die tiefen Gefilde der Meditation einlässt und dem es gelingt, sein eigenes inneres Ur-Wissen anzuzapfen, wird wissen, wovon ich spreche. Nochmals, weder brauchen wir die Religion, noch den Staat, noch die Gesellschaft, die uns sagen, was wir zu tun oder zu lassen oder wie wir zu leben haben. Je mehr es uns gelingt, dieses für uns zu verinnerlichen und auf uns selber zu vertrauen und unser Leben so zu führen, wie wir fühlen, dass wir es eigentlich tun müssten, desto höher wird unsere eigene „Liebesfähigkeit" und Fähigkeit, Menschen und Dinge anzunehmen, wie sie sind. Und Eifersucht oder Neid ist in einem Menschen, der so sehr seine eigene innere Wahrheit lebt mit einem Mal völlig überflüssig. Auf wen oder was sollte dieser Mensch denn noch eifersüchtig sein? Wer oder was könnte ihm denn noch geben, was er sich nicht selbst zu geben vermag? Um auf den Kern des ganzen Buches zu kommen: Niemand aus dem außen wird Euch je füllen können und zwar niemals und zu keinem Zeitpunkt. Aber wenn Ihr lernt, Euch aus Euch selber von innen heraus (mit Hilfsmitteln aus dem außen logischerweise) zu füllen, so ist dies ein Schatz, den Euch nichts und niemand mehr wegnehmen können wird. Ein tiefer innerer Friede wird sich in Euch breit machen. Ein Friede, der aus sich selbst heraus überhaupt nicht mehr anders kann, als allumfassend zu lieben.